O SUCESSO
É PARA
TODOS

autor de **Transformando sonhos em realidade: a trajetória do ex-engraxate que chegou à lista da Forbes** e **Fábrica de vencedores: aprendendo a ser um gigante**

JANGUIÊ DINIZ

O SUCESSO É PARA TODOS

MANUAL DO LIVRO

FÁBRICA DE VENCEDORES

novo século®

SÃO PAULO, 2018

O sucesso é para todos: manual do livro Fábrica de vencedores
Copyright © 2018 by Janguiê Diniz
Copyright © 2018 by Novo Século Editora Ltda.

COORDENAÇÃO EDITORIAL: SSegovia Editorial
PREPARAÇÃO: Adriana Bernardino
PROJETO GRÁFICO E DIAGRAMAÇÃO: João Paulo Putini
REVISÃO: Silvia Segóvia
CAPA: Brenda Sório

EDITORIAL
Jacob Paes • João Paulo Putini • Nair Ferraz
Rebeca Lacerda • Renata de Mello do Vale • Vitor Donofrio

Texto de acordo com as normas do Novo Acordo Ortográfico da
Língua Portuguesa (1990), em vigor desde 1º de janeiro de 2009.

Dados Internacionais de Catalogação na Publicação (CIP)

Diniz, José Janguiê Bezerra, 1964-
O sucesso é para todos : manual do livro Fábrica de vencedores
Janguiê Diniz
Barueri, SP: Novo Século Editora, 2018.

1. Sucesso 2. Autorrealização 3. Sucesso nos negócios I. Título

18-1925   CDD-158.1

Índice para catálogo sistemático:
1. Autoajuda 158.1

Alameda Araguaia, 2190 – Bloco A – 11º andar – Conjunto 1111
CEP 06455-000 – Alphaville Industrial, Barueri – SP – Brasil
Tel.: (11) 3699-7107 | Fax: (11) 3699-7323
www.gruponovoseculo.com.br | atendimento@novoseculo.com.br

DEDICATÓRIA

Dedico este livro a todos aqueles
que sonham com o sucesso, mas não
sabem como atingi-lo. Agora saberão.

ABREVIATURAS

AD (Autor Desconhecido)
AsDs (Autores Desconhecidos)

SUMÁRIO

APRESENTAÇÃO 11

PREFÁCIO: WILLIAM DOUGLAS 21

CAPÍTULO I. FUJA DA DOENÇA DA VITIMIZAÇÃO OU DO MISERALISMO 27

CAPITULO II. SORTE COMO INSTRUMENTO DE SUCESSO E PROSPERIDADE 39

1º elemento da sorte: conhecimento 45

2º elemento da sorte: habilidades e competências 49

3º elemento da sorte: trabalho 51

4º elemento da sorte: não desperdiçar oportunidades 54

5º elemento da sorte: iluminação divina 55

CAPÍTULO III. A DECISÃO DE MUDAR DE VIDA E DE SONHAR SÃO DOIS PASSOS CRUCIAIS PARA O SUCESSO 61

Decisão de mudar de vida 62

Sonhar: passo mais importante para o sucesso 67

Apaixone-se pelo seu sonho 68

Não tenha medo de sonhar 70

Sonhar sonhos grandes e impossíveis 71

Foco na realização do sonho 73

Determinação 74

Prazo para realização do sonho 75

CAPÍTULO IV. A PERSISTÊNCIA, O OTIMISMO 77
E A RESILIÊNCIA SÃO ELEMENTOS
IMPRESCINDÍVEIS PARA O SUCESSO

Persistência e perseverança 78

Otimismo x pessimismo 80

Pensamento poderoso 84

Resiliência 86

Princípios da resiliência 87

Primeiro princípio: qualquer que seja o problema, 87
veja o lado bom dele e aprenda com ele

Segundo princípio: dentro do possível, 89
procure sempre ser tolerante, flexível, maleável
e transigente com as situações adversas da vida

Terceiro princípio: tenha compaixão 89
e bondade com o seu semelhante

CAPÍTULO V. CRENÇA NA MERITOCRACIA, TRANSFORMANDO ERROS E FRACASSOS DO PASSADO EM APRENDIZADO — 91

- Crença na meritocracia — 92
- Erros e fracassos do passado: nossos melhores professores — 94

CAPÍTULO VI. PLANEJAMENTO, ORGANIZAÇÃO DO TEMPO E PROGRAMAÇÃO MENTAL COMO ELEMENTOS IMPRESCINDÍVEIS PARA O SUCESSO — 103

- Planejamento — 104
- Organização e otimização do tempo — 105
- Programação mental para o sucesso — 111

CAPÍTULO VII. TRABALHABILIDADE, PROFISSIONAIS MULTIFUNCIONAIS E EMPREGOS DO FUTURO — 115

- Trabalhabilidade e profissionais multifuncionais — 116
- Empregos do futuro — 117
- Qualificação profissional como reinvenção das pessoas físicas — 119

CAPÍTULO VIII. A IMPORTÂNCIA DA INOVAÇÃO, DA INTELIGÊNCIA ARTIFICIAL, DA GOVERNANÇA CORPORATIVA E DO SISTEMA DE GESTÃO DA RESPONSABILIDADE SOCIAL EMPRESARIAL PARA O SUCESSO E SUSTENTABILIDADE DO EMPREENDIMENTO 123

Gerações y (ou *millennials*) e z (ou *centennials*) 124

Inteligência artificial 127

Inovação 128

Sistema de gestão da responsabilidade social empresarial 134

Governança corporativa 136

CAPÍTULO IX. SUCESSO É IMPORTANTE, MAS FELICIDADE TAMBÉM. E VOCÊ PODE TER OS DOIS 141

REFERÊNCIAS E PUBLICAÇÕES 151

Bibliografia 152

Livros publicados 152

Publicações em coordenação 155

Currículo 157

APRESENTAÇÃO

Existe um adágio popular que diz que aqueles que têm sucesso na vida são pessoas de sorte ou que nasceram com a bunda virada para a lua, ou seja, os escolhidos. Eu, particularmente, ouso discordar dessa assertiva e afirmo com muita propriedade que o sucesso é para todos, não apenas para os escolhidos. É para todos aqueles que sonham, transformam seus sonhos num projeto de vida, traçam metas e, com métodos, compromisso e muita disciplina trabalham de forma árdua e extenuante, diuturnamente, com foco, otimismo, determinação, persistência e perseverança, e aí sim, conseguem alcançar a vitória. Por isso, apresento para vocês este livro intitulado *O sucesso é para todos: manual do livro Fábrica de vencedores*. Não se trata de um escrito novo e inédito, mas o extrato do meu último livro intitulado *Fábrica de vencedores: aprendendo a ser um gigante*, publicado pela Editora Novo Século. O objetivo deste trabalho é transmitir para todos, de forma rápida e objetiva, os principais passos trilhados por mim na luta pela prosperidade, e que vêm dando resultados em toda a minha trajetória de vida. Logo, o que ensino aqui não se resume apenas a teorias aprendidas em livros de autoajuda, mas, *em experimentos práticos que venho executando ao longo de minha jornada.*

De partida, quero registrar que nunca acreditei no sucesso como um golpe de sorte. Eu acredito que a *sorte é uma conjugação de conhecimento, habilidades, competências, dedicação, esforço, muito trabalho, foco, não desperdiçar oportunidades e ter iluminação divina.*

A minha vida inteira foi pautada por *atitudes e ações reais e concretas.* Comecei a trabalhar aos oito anos de idade como engraxate de rua, vendedor de laranjas e de picolés, *sem, entretanto, nunca descuidar dos estudos na busca pelo conhecimento.* Naquela época, eu já tinha plena consciência de que só por meio da educação, da informação, do esforço e do trabalho árduo, eu poderia transformar a minha vida, minha história e meu destino.

Ainda assim, nesse contexto, eu sempre fui um sonhador. *Sempre sonhei sonhos grandes e impossíveis,* e sempre lutei para realizá-los. O meu primeiro sonho foi ter uma casa cheia de pães doces. Você pode achar que isso é uma bobagem, mas, na época, não era para mim. Porque naquele tempo, no auge dos meus seis anos, eu só podia comer pão doce aos sábados quando meu velho pai, João Diniz, ia à feira e trazia essa delícia para o sítio em Santana dos Garrotes – PB, onde meus irmãos e eu morávamos. Nessa perspectiva, se pararmos para fazer uma simples analogia com o corpo humano, onde o sangue é o elemento fundamental para o pleno funcionamento do coração, e por via de consequência de todo o corpo, *o sonho é o principal ingrediente para que a vida pulse com estímulo, preenchimento e satisfação.*

Entretanto, não basta sonhar. *O sonho é apenas uma das principais peças da engrenagem do motor vida.* Tem que se fazer mais. É preciso ter determinação para superar todos os obstáculos e as adversidades que aparecem na vida. Eu particularmente aprendi a ser uma pessoa *determinada e disciplinada.* Logo cedo aprendi a importância de *traçar metas* na vida e lutar com muito *compromisso e constância* para executá-las. O meu exemplo prático foi em Pimenta Bueno, Rondônia, quando conclui o ensino fundamental. Como lá não tinha ensino médio, apenas na capital, Porto Velho, me vi diante de um grande dilema: parar de estudar ou ir trabalhar com meu pai como agricultor? Também tinha uma terceira opção: me mudar para o Nordeste, que na época era bem mais desenvolvido que Rondônia, e lutar pelo grande sonho de continuar estudando, concluir o ensino médio e fazer vestibular para ser médico. A questão era: como chegar lá? Foi a *determinação* que me fez pegar um ônibus sozinho, com apenas quatorze anos, e viajar para João Pessoa, na Paraíba, onde minha tia *Irene Bezerra* residia e, inicialmente, me acolheu.

Almejando já o meu futuro profissional, eu enxerguei que em Recife, Pernambuco, eu teria mais oportunidades de crescimento e sucesso. Nessa etapa, entra uma das figuras mais importantes da minha vida: o meu tio *Nivan Bezerra da Costa*, que foi quem me deu abrigo e emprego em seu escritório de advocacia e meu primeiro mentor profissional. Lá, cheguei com o sonho de cursar Medicina. Entretanto, a experiência com o mundo jurídico no escritório de advocacia despertou em mim a paixão pela área, me fez mudar de ideia e prestar vestibular para Direito na Universidade Federal de Pernambuco – UFPE, no ano de 1982. Por ser de origem humilde, não tive uma base educacional das melhores. E isso me colocava em desvantagem em relação àqueles candidatos das melhores escolas que também almejavam uma vaga no curso de Direito da concorrida universidade. Diante dessa situação, tive que aprimorar quatro características que carrego comigo até hoje em minha caminhada: *determinação, dedicação, compromisso e disciplina*. Para atingir a minha meta, eu tive que ser determinado, dedicado, compromissado e disciplinado em administrar o meu tempo. Trabalhava durante o dia e estudava à noite, em média seis horas por dia, incluindo sábados, domingos, feriados e dias santos. O resultado não foi outro, senão a aprovação entre os primeiros colocados no vestibular do curso de Direito da UFPE.

Após concluir o curso de Direito e também com muita determinação, dedicação, compromisso e disciplina, consegui a aprovação na difícil prova da Ordem dos Advogados do Brasil – OAB. Depois disso, o meu espírito empreendedor falou mais alto e eu montei a empresa *Janguiê Cobranças*, meu primeiro empreendimento formal. Entretanto, como a empresa não deu certo, *o hábito de sonhar grande foi reacendido em minha mente*. Resolvi prestar o concurso de provas e títulos para o honroso cargo da Magistratura Federal do Trabalho. Tracei a meta de estudar seis horas por dia durante todos os dias, inclusive sábados, domingos e feriados, durante três anos. E com *método, determinação, compromisso e muita disciplina* cumpri a meta e consegui estudar o programa do concurso três vezes antes de completar o tempo designado. É que quando eu não conseguia estudar as seis horas estabelecidas para o dia, eu tinha que pagar as horas não estudadas em outro dia. Isso fazia parte do meu compromisso e da minha disciplina. Entretanto, não pensem que passei no primeiro concurso público que fiz. Ao contrário, antes de completar os três anos, durante o planejamento do estudo de preparação, fui reprovado em vários concursos. Mas, após muita *persistência, perseverança e obstinação*, consegui estudar todo o programa do concurso, mesmo antes de completar o prazo planejado, e fui aprovado no concurso de Juiz do Trabalho do TRT da Sexta Região, em Pernambuco. Depois, passei no de Procurador Regional do Trabalho do Ministério Público da União e também no de Professor da UFPE, bem como no mestrado e doutorado, também da UFPE.

Mas, a palavra *conformismo* não existe no meu dicionário mental. Meus sonhos sempre foram grandiosos. Sempre tive uma *programação mental* para empreender e construir uma grande instituição educacional. E também *sempre me senti digno e merecedor das conquistas que almejava*, pois *sempre me dediquei acima da média*. Logo, com ousadia e coragem, características inerentes aos empreendedores de sucesso, exonerei-me dos cargos de Juiz do Trabalho, Procurador Regional do Trabalho e Professor da Universidade Federal de Pernambuco para empreender e criar a Faculdade Maurício de Nassau, embrião do Grupo Ser Educacional. Hoje, um dos maiores grupos educacionais do país.

Logo, o sucesso não é estático, e o seu conceito não é objetivo, mas subjetivo para cada um de nós. Ao procurar no dicionário sua definição, por exemplo, temos: "resultado positivo após alguma tentativa ou esforço, seja ele profissional, acadêmico ou pessoal", ou então "obtenção de honras, êxito, riqueza". Porém, a verdade é que sucesso pode ser muito mais do que isso, e seu conceito é extremamente pessoal. Eu particularmente defino o "sucesso" como sendo: *"viver com prazer e conforto, transformando sonhos e desejos em realidade, conquistando honras, êxitos, riqueza e felicidade, seja na vida pessoal ou profissional, e por via de consequência, ser respeitado, querido, admirado a ponto de ser considerado paradigma, exemplo e inspiração para todos que o cercam, mas sempre lutando por um mundo melhor para toda a humanidade"*.

Nesse sentido, *ter sucesso está muito relacionado aos nossos valores e com o que acreditamos*. Me arrisco a dizer que todo mundo, mesmo aqueles que não sabem o significado da palavra, almejam ter sucesso na vida. Para isso, é necessário fazer uma profunda *viagem para dentro de si, conhecer seus limites e potencialidades* para, a partir daí, identificar onde se quer chegar e criar os estímulos necessários para percorrer o caminho que levará a uma vida bem-sucedida e de sucesso, seja ela no âmbito pessoal, social, familiar ou profissional.

Com efeito, para mim o sucesso não é apenas possuir muitos bens materiais, uma conta bancária abastada, ou conseguir chegar ao topo da montanha. Se fosse só isso, pessoas financeiramente ricas nunca se sentiriam infelizes. É muito mais que isso. É conquistar tudo isso, mas também ser feliz. E para conquistar o sucesso e a felicidade, é plenamente possível ter as duas coisas, é importante ser ético e fiel aos seus valores e ao que você acredita, poder trabalhar com o que você ama, e, sobretudo, ajudar outras pessoas a melhorarem suas vidas. Isso, sim, é alcançar a plenitude do sucesso.

Entretanto, para conquistar o sucesso não basta ler livros de autoajuda. Mister se faz implementar ações reais e concretas. É que nas palavras de Barack Obama, ex-presidente dos Estados Unidos, "a mudança não acontecerá se nós apenas esperarmos por outra pessoa ou se esperarmos por algum outro momento. Nós somos as pessoas pelas quais esperávamos. Nós somos a mudança que buscamos". Foi trabalhando arduamente e diuturnamente, com muita coragem, determinação, persistência, otimismo, foco e disciplina que conquistei um certo grau de sucesso e prosperidade em minha vida.

Por fim, tenho certeza de que ao fim da leitura deste livro, você estará mais confiante em buscar seus objetivos, enxergando inúmeras outras possibilidades antes não visíveis. Portanto, convido você a dar o primeiro passo na trilha do sucesso. Aprender como conquistá-lo. Com a leitura desse livro, você irá mudar a perspectiva de como enxerga a vida e, com isso, mudar sua trajetória, e alcançar o tão almejado sucesso. É hora de reprogramar seu cérebro para chegar no topo. Vamos lá! Esta é a minha proposta, e eu quero lhe ajudar a fazer parte disso!

Janguiê Diniz

PREFÁCIO

Dois motivos essenciais fundamentam minha veemente recomendação para a leitura da presente obra. Sim, entendo que a leitura é obrigatória para aqueles que sonham com o sucesso. E os dois fundamentos são, em primeiro lugar, pelo fato de seu autor ser um homem de extraordinário sucesso: só pode falar sobre esse tema alguém com inequívoca carreira exitosa. E Janguiê é um empreendedor com absoluto sucesso, ele fala do que sabe fazer. Um ex-engraxate que chega à lista da Forbes, alguém que consegue sucesso nos concursos, no serviço público, na profícua produção literária e científica, que muda paradigmas... Não faltam provas evidentes de que o autor sabe fazer as coisas acontecerem.

O segundo motivo que justifica a leitura é presença, no caso, da rara combinação da vontade de ajudar com a capacidade de ensinar. Já verifiquei que muitos homens de sucesso apresentam comumente um dos seguintes fatores, que limitam a passagem de sua capacidade para terceiros. O fator número 1 é que muitos procuram guardar somente para si os segredos e estratégias, jamais revelando o que sabem a terceiros (salvo a um filho, por exemplo), e outros, este é o fator número 2, mesmo desejando compartilhar seu conhecimento, não possuem habilidades de transmissão. Por isso, é tão raro que o sucesso em seu mais alto grau de rendimento seja ensinado. E a falta de quem saiba fazer e ensinar o caminho do sucesso é uma das maiores razões para tantas pessoas viverem frustrações e não realizarem todo seu potencial, em prejuízo delas mesmas, de suas famílias e do próprio país. Mas você, leitor, foi (como diz o título da obra) *especialmente* premiado com a edição da presente obra.

Aqui, um homem de grande sucesso, e sem as limitações tão frequentes em pessoas de sucesso, dedica a você, leitor, tempo para ensinar o caminho do sucesso. Aqui, temos a indicação detalhada de como trilhar o árduo e sinuoso caminho até a vitória. Um sucesso que ele, autor, afirma ser possível para todos é revelado, descortinado, detalhado. De fato, desde sempre José Janguiê Diniz notabilizou-se por, além das vitórias e conquistas em si, também portar o desejo de ensinar os outros a serem bem-sucedidos e a experimentar as mesmas realizações.

Eu diria ao leitor ávido pelo sucesso que aqui você encontrará 95% do que é preciso para ter o sucesso que Janguiê alcançou. Eu sei que o leitor preferiria 100%, mas asseguro que se aprender os 95% aqui contidos fará de você alguém muito acima e além da média. Praticar estes 95% já transformará profundamente seu rendimento, resultados e influência.

E os outros 5%? Indagará alguém. Eles advêm da genialidade do autor, e genialidade não se transmite. Apenas se aplaude e se observa.

Janguiê é dotado de espírito prático, realizador e também de peculiar genialidade. Daí, além da amizade, sempre busquei aprender com ele. Tenho aprendido a observar e a aprender com os gênios e os grandes realizadores, e por isso tenho tido ótimos resultados. Como disse Isaac Newton, um dos maiores cientistas de todos os tempos: "Se consegui enxergar longe é porque procurei olhar acima dos ombros dos gigantes". Aliás, um dos livros de Janguiê, que deu origem a este, tem justamente esse título: *Fábrica de vencedores: aprendendo a ser um gigante*. As duas obras, a citada e a presente, têm leitura altamente recomendada, pelos motivos que expus.

Em resumo, o que cabe fazer diante de grandes construtores e dos gênios é simplesmente aprender o que eles podem ensinar (quando querem fazê-lo!) e observá-los. Este livro, assim como os outros nos quais conta sua história de vida, permite tanto aprender técnicas, princípios e valores como também tomar conhecimento da trajetória, vitórias, reveses, dificuldades e criatividade, e assim aprender pela observação.

Conheci Janguiê há vários anos justamente quando ele buscava ensinar as pessoas a vencer os desafios dos vestibulares e dos concursos. Aquele desejo de ensinar os outros a se tornarem vitoriosos e gigantes veio se desenvolvendo a ponto de hoje o autor comandar uma das maiores e mais pujantes redes de ensino superior do país e mesmo do planeta.

A experiência de vencer e de ensinar é, portanto, algo natural e constante na pessoa e na história do autor. O livro, como desaguadouro desses saberes, é um verdadeiro e excelente manual da vitória. Dirige-se a qualquer pessoa que realmente queira mudar de vida e fazer diferença. Foi feito, repito, especialmente para você.

Mudar a sua mente, a sua percepção do planeta, saber o que realmente é a tão desejada "sorte", saber se apaixonar e sonhar, aprender a aprender com os erros, entender o que é trabalhabilidade, multifuncionalidade e reinvenção pessoal, entender bem sobre governança e até mesmo sobre responsabilidade social... Tudo isso e muito mais está ao dispor do leitor a partir desse momento. Não perca essa oportunidade!

Faça como eu fiz: leia este livro. E faça a leitura sabendo que aqui está uma ferramenta poderosa de inspiração e de ação concreta, um potencializador de transformações pessoais, capaz de contribuir para materializar no mundo real os melhores sonhos, metas e projetos pessoais e empresariais.

WILLIAM DOUGLAS
Juiz federal do Rio de Janeiro, professor e escritor

CAPÍTULO I

FUJA DA DOENÇA DA VITIMIZAÇÃO OU DO MISERALISMO

Olá, meus amigos. Tudo bem? Estamos começando o primeiro capítulo do livro intitulado *O sucesso é para todos: Manual do livro Fábrica de vencedores*.

É que os caminhos para o sucesso e para a prosperidade estão cheios de pedras e obstáculos, como no poema de Carlos Drummond de Andrade "tinha uma pedra no meio do caminho". E para superá-los, temos que dar vários passos importantes em nossas vidas.

Gostaria de começar dizendo que muitas pessoas vivem se queixando que têm muitos problemas na vida, que têm mais problemas que os outros e, que por conta disso, não conseguem ter sucesso e prosperidade. Quando ouço uma pessoa com esse discurso negativo, recomendo a ela assistir a alguns vídeos, em especial este do link abaixo:

VÍDEO – Dois irmãos siameses
https://goo.gl/x3dxva

Caro leitor, depois de assistirmos a este vídeo, constatamos que os nossos problemas são muito pequenos. Que são infinitamente menores que os dos outros. E para comprovar isso, eu faço uma pergunta para você: por mais dificuldades que você tenha, você gostaria de trocar a sua vida, pelas vidas das duas pessoas mostradas no vídeo?

Ora, meu prezado, todos nós temos problemas e dificuldades na vida. Só não tem problemas quem já está no cemitério. Mas, além de nossos problemas serem infinitamente menores que os dos outros, todos eles têm solução.

Nesse sentido, eu gostaria de lembrar a você que, no Brasil, cerca de 6% da população têm algum tipo de deficiência, seja ela física ou psicológica. E grande parte dos 94% da população restante possui outro tipo de deficiência, que eu chamo de doença da vitimização, do miseralismo, do sem sortismo ou do coitadismo, seja por pessimismo, visão pequena do mundo ou visão negativa da vida; autodenominando-se vítima, miserável, sem sorte ou coitadinho. Essas pessoas vivem procurando desculpas para justificar a sua inércia, sua paralisia, sua incapacidade de se mover e de sair de sua zona de conforto.

Elas são pessoas que se utilizam de crenças limitantes, de pensamentos fixos, e não reconhecem a maravilha que é viver com muita saúde e ter a capacidade de fazer o que quiser, inclusive conquistar o mundo. Lembre-se que o imperador Alexandre o Grande conquistou o mundo e morreu aos 33 anos, e na época não existia antibiótico.

Logo, caro amigo, quem se faz de vítima ou miserável, fica paralisado e perde sua capacidade produtiva, pois "constrói sua própria prisão", entra nela, tranca, joga a chave fora, virando um prisioneiro sem perspectivas de *habeas corpus*.

Nesse contexto, é imperativo asseverar que todos nós podemos ter sucesso e prosperidade. Em primeiro lugar fugindo da doença da vitimização, do miseralismo, do sem sortismo e do coitadismo. Em segundo lugar, nos libertando das crenças limitantes. Em terceiro lugar, saindo da inércia, da paralisia, da letargia, do óbvio e da nossa zona de conforto. Em quarto lugar, imitando ou modelando-se aos modelos e paradigmas de sucesso, ou seja, às pessoas que têm sucesso e prosperidade na vida, com constância, compromisso e muita disciplina. E, por fim, dando inúmeros passos em nossas vidas, passos esses

"QUEM SE FAZ DE VÍTIMA OU MISERÁVEL FICA PARALISADO E PERDE SUA CAPACIDADE PRODUTIVA, POIS 'CONSTRÓI SUA PRÓPRIA PRISÃO', ENTRA NELA, TRANCA, JOGA A CHAVE FORA, VIRANDO UM PRISIONEIRO SEM PERSPECTIVAS DE HABEAS CORPUS."

JANGUIÊ DINIZ

que serão sacrificantes, desconfortáveis e dolorosos, mas, também importantes, necessários e imprescindíveis.

E falando sobre zona de conforto, lembro que, se você deseja crescer, progredir, ser rico, ter sucesso e prosperidade, você tem que aprender a viver fora da sua zona de conforto, pois "grandes empreendedores estão sempre confortáveis em estarem desconfortáveis". Existe até uma equação criada por T. Harv Eker que ensina "$zc = zs$"; ou seja: sua "zona de conforto" é igual a sua "zona de sucesso", pois "quanto mais confortável você quiser se sentir, menos riscos se disporá a correr, menos oportunidades desejará explorar, menos pessoas conhecerá, menos estratégias desenvolverá e menos riqueza e sucesso obterá.

Falando em modelagem, registro que, se uma pessoa só anda com viciados, dificilmente deixará de ser um. Mas, se esta pessoa só anda com executivos ou empreendedores, dificilmente deixará de ser um deles. É que o sucesso deixa pegadas e rastros. Por mais que existam diversos caminhos, sempre haverá alguém que já passou por eles antes e deixou suas pegadas (Caio Carneiro). Logo, é mais inteligente seguir a trilha de quem já abriu o caminho do sucesso, do que andar pelo caminho do fracasso. Isso chama-se moldagem ou modelagem.

Por outro lado, sobre constância e repetição, Jeff Bezos, fundador da Amazon, uma das maiores empresas do mundo, já dizia que o sucesso do negócio fundado por ele é "uma função de quantos experimentos eles fazem por ano, por mês, por semana e por dia". Ou seja, ele tem como princípios norteadores de sua empresa a constância e a "repetição". É que, segundo Robert Collier, "o sucesso é a soma de pequenos esforços repetidos diariamente".

Ademais, nobre guerreiro, sobre compromisso e disciplina, Jim Collins, ex-professor da universidade de Stanford, ensina: "o princípio básico para o sucesso de uma organização está em pessoas disciplinadas, que geram pensamentos disciplinados e tomam ações disciplinadas. Os disciplinados estão sempre se preparando para os tempos ruins, mesmo quando as coisas vão bem". Logo, se você almeja sucesso, tenha compromisso com o sucesso e seja altamente disciplinado, pois o sucesso não "aguenta desaforo". "Habilidades e competências sem compromisso e sem disciplina não têm qualquer valor". O mundo dos esportes está cheio de exemplos dessa natureza.

E falando sobre os passos sacrificantes, desconfortáveis e dolorosos que teremos que dar para alcançar o sucesso e a prosperidade, quero lembrar que o desconforto e a dor farão você sair de um nível comum de vida para outro, que pode ser o sucesso, dependendo do tamanho do seu esforço, do seu desconforto e da sua dor. Tenha sempre em mente que o músculo só cresce com desconforto e com dor, assim é o sucesso.

Com efeito, ilustre amigo, nunca se esqueça de que o sucesso e a prosperidade estão umbilicalmente vinculados a noites sem dormir, dias e mais dias sem o convívio da família; enfim, a sacrifícios, sofrimento, desconforto e dor. É que para ser vencedor a pessoa tem que vencer a dor, pois "vencedores vencem dores". Dessa forma, já diziam os ingleses: *no pain no gain*. É que o sucesso consiste em 90% de transpiração e apenas 10% de inspiração, pois "a vaca não dá leite"; você tem que acordar de madrugada, ir para o curral enlameaçado e tirar o leite da vaca (Mário Sergio Cortella). Agora, o que anima a gente é que o desconforto e a dor não serão perenes nem eternos, mas passageiros, pois "sacrifícios temporários são 'passaportes' para transformações gigantes e trazem recompensas permanentes" (AD).

Ademais, estimado vencedor, tenha sempre em mente que apenas você possui a chave para o sucesso. E para ter sucesso e prosperidade você tem que ser um "guerreiro". Um dos princípios do guerreiro consiste em: "se você só estiver disposto a realizar o que é fácil, sua vida será difícil. Mas, se concordar em fazer o que é difícil, sua vida será extremamente fácil e de sucesso". É que, de acordo com T. Harv Eker, ter sucesso e prosperidade "não é um passeio no bosque. É uma viagem cheia de tempestades, guinadas, desvios, obstáculos, perigos e armadilhas".

E para finalizar este capítulo, registro que viver não é uma tarefa muito fácil nem tampouco simples. Entretanto, a vida pode ser cheia de possibilidades, encantos, aventuras e muito prazer se você fizer por onde. "Pois ela diminui ou se expande em proporção à sua coragem" (Anaïs Nin). Logo, "se a vida não ficar mais fácil, trate de ficar mais forte, pois você nunca sabe o quão forte você é até que ser forte seja sua única opção" (AD). Outrossim, "a vida não é uma questão de sempre ter boas cartas na mão. Às vezes, é uma questão de jogar bem com cartas ruins" (Josh Billings). Porquanto, "ela é a soma das suas escolhas" (Albert Camus). Afinal, "viver é arriscar tudo. Caso contrário, você será apenas um pedaço inerte de moléculas montadas aleatoriamente à deriva onde o universo te sopra" (Rick and Morty).

"VIVER É ARRISCAR TUDO. CASO CONTRÁRIO, VOCÊ SERÁ APENAS UM PEDAÇO INERTE DE MOLÉCULAS MONTADAS ALEATORIAMENTE À DERIVA ONDE O UNIVERSO TE SOPRA."

RICK & MORTY

CAPÍTULO II

SORTE COMO INSTRUMENTO DE SUCESSO E PROSPERIDADE

Amigos, estamos começando o segundo capítulo. Aqui gostaria de enfatizar que, embora muita gente diga que o sucesso é um esporte para poucos, apenas para os escolhidos, defendo exatamente o contrário. Eu advogo a tese de que o sucesso é para quem o escolhe, não apenas para os escolhidos. E nessa empreitada pelo sucesso, a primeira pessoa que você vai ter que vencer é você mesmo, pois você é a única pessoa capaz de desistir, ou não, dos sonhos que você quer realizar. Com efeito, companheiro, nunca desista do sonho que não sai da sua cabeça, naquele que você pensa todos os dias, pois, "quando você desiste de algo na vida, desiste de tudo que vem depois" (AD). Se você desistir uma vez, isso vai se tornar um hábito, uma rotina. Logo, jamais desista. Ademais, "se for desistir de alguma coisa na sua vida, desista de ser fraco" (Bill Gates), ou desista de desistir, pois "não importa quão forte você bate, mas o quanto você aguenta apanhar, sofrer e continuar lutando nessa vida sem nunca desistir. É assim que se ganha, haja vista que todo campeão foi um dia um competidor que se recusou a desistir" (Rocky Balboa).

Nessa luta pelo sucesso e pela prosperidade, eu tive e tenho um certo grau de sucesso em minha

"SE FOR DESISTIR DE ALGUMA COISA NA SUA VIDA, DESISTA DE SER FRACO."

BILL GATES

vida. Saiba que eu sempre fui, sou e sempre serei uma pessoa eternamente inquieta, descontente, inconformada e insatisfeita com as conquistas realizadas, e vivo sempre em busca de conquistar mais e mais. É que segundo Thomas Edison, "inquietação é descontentamento, e descontentamento é a primeira necessidade do progresso". E isso só faz com que eu me dedique integralmente, por completo e de corpo e alma aos meus sonhos e projetos, utilizando tudo que é eticamente possível e impossível na busca de realizá-los e transformá-los em realidade.

E aqui faço uma pergunta para você: por que eu consegui ter sucesso, e você não consegue? Será que sou mais bonito, mais charmoso, mais talentoso ou mais inteligente que você? Claro que não! Eu apenas procuro querer mais que os outros, me esforçar mais que os outros e fazer sempre mais que o necessário para conquistar aquilo que almejo e sonho. Logo, estimado amigo, se eu pude e posso ter sucesso em minha vida, por que você não pode? Daí eu afirmar com toda a propriedade do mundo que você pode, e pode muito, desde que se dedique integralmente, se entregue 100% ao seu sonho e ao seu projeto de vida, pois "ou você se entrega 100% ou terá zero de sucesso.

É que a ordem de grandeza não é diretamente proporcional. É tudo ou nada, uma vez que o sucesso é igual à fidelidade: só aceita 100%. Não existe fidelidade 99%. Com o sucesso é a mesma coisa" (Caio Carneiro).

Nessa linha de raciocínio, é auspicioso registrar que a minha vida inteira foi trabalhando cerca de 12 horas por dia, desde os oito anos de idade, quando comecei como engraxate de rua. Quando comecei a estudar para concursos, estudava cerca de 6 horas por dia, sábados, domingos e feriados. Nos dias que ficava doente e não estudava, eu tinha que pagar as horas não estudadas nos dias seguintes, face ao compromisso e à disciplina para bater a meta de ver todo o programa no prazo estipulado. Entretanto, muitos de vocês poderiam asseverar: Janguiê, você é um homem de sorte. Você teve e tem muita sorte.

Ora, companheiros, na minha ótica, sorte não existe. Sorte para mim consiste na conjugação de uma série de elementos: ela nada mais é do que a comunhão de conhecimento, habilidade, competência, muito trabalho, não desperdiçar oportunidades e iluminação divina.

Já dizia Leandro Karnal que "sorte é o nome que vagabundo dá ao esforço que ele não faz".

> "EU APENAS PROCURO QUERER MAIS QUE OS OUTROS, ME ESFORÇAR MAIS QUE OS OUTROS E FAZER SEMPRE MAIS QUE O NECESSÁRIO PARA CONQUISTAR AQUILO QUE ALMEJO E SONHO."
>
> **JANGUIÊ DINIZ**

Do mesmo modo, enfatiza André Buric que "as pessoas não sabem o quanto de preparo é necessário para ter sorte". E eu tenho constatado que, quanto mais duro eu estudo e trabalho, mais sorte eu tenho. Logo, "corra da ideia de que sucesso é um golpe de sorte. A sorte não existe, ela é criada. Você cria a atmosfera, o ambiente e as condições para que a sorte aconteça" (Caio Carneiro).

Nesse sentido, em que consiste a sorte? Eu falei anteriormente que ela é a comunhão de conhecimento, habilidades, competência, muito trabalho, não desperdiçar oportunidades e iluminação divina. Vamos falar um pouco de cada elemento desses.

1º ELEMENTO DA SORTE: CONHECIMENTO

Nós vivemos, hoje, na era ou sociedade da informação e do conhecimento. Nesta sociedade, a informação e o conhecimento, chamados de capital intelectual, são muito mais importantes que os recursos materiais como fator de desenvolvimento humano, considerado instrumento de poder. Nesta nova era, nenhum país do mundo consegue sair de um estágio de subdesenvolvimento para desenvolvimento senão por meio da educação de seu povo. E isso só ocorre com investimento forte, real, eficaz e eficiente na educação, desde a básica, passando pela superior e chegando a pós-superior.

Já falava Immanuel Kant que "o ser humano é aquilo que a educação faz dele". É que "nossa mente é como um banco. Nós só sacamos dela o que depositamos" (Bento Augusto). Ademais, segundo Benjamin Franklin, "o conhecimento é poder e é a coisa mais barata do mundo. Aqueles que acham que o conhecimento é caro é porque nunca experimentaram a ignorância". É que, "ao falhar em se preparar, você está se preparando para falhar".

No contexto, prezado amigo, é importante trazer à baila algumas máximas sobre o conhecimento: "1) ninguém nasce burro ou inteligente. O cérebro é maleável e tem um potencial de 100 bilhões de neurônios. Ou seja: todo mundo é capaz de aprender, se tiver os estímulos certos; 2) para aprender é preciso querer aprender. Isto é, acreditar na própria capacidade e ter determinação" (AD).

Ainda sobre o conhecimento, trazemos os ensinamentos de Sun Tzu, autor do best-seller *A arte da guerra*, escrito durante o século IV a.C. Naquela época, ele já ensinava que: se você conhece o inimigo e conhece a si mesmo, não precisa temer o resultado de cem batalhas. Se você se conhece,

"O CONHECIMENTO É PODER E É A COISA MAIS BARATA DO MUNDO. AQUELES QUE ACHAM QUE O CONHECIMENTO É CARO É PORQUE NUNCA EXPERIMENTARAM A IGNORÂNCIA. AO FALHAR EM SE PREPARAR, VOCÊ ESTÁ SE PREPARANDO PARA FALHAR."

BENJAMIN FRANKLIN

mas não conhece o inimigo, para cada vitória ganha sofrerá também uma derrota. Se você não conhece o inimigo nem a si mesmo perderá todas as batalhas.

Quero lembrar aqui que, para adquirir informações e conhecimento, a educação e o estudo devem ser assíduos, contínuos, ininterruptos e continuados, ou seja, nunca podem ser interrompidos. É o chamado "conceito do aprendizado contínuo", uma vez que não apenas o conhecimento avança, mas ele também se transforma. Foi-se o tempo em que a pessoa se formava, conquistava o diploma, colocava o anel no dedo e vivia o resto da vida com os conhecimentos adquiridos na graduação. "A necessidade de um aprendizado contínuo e constante consiste numa característica de um mundo em constante mudança cujo aprendizado adquirido fica obsoleto mais rapidamente" (Samuel Arbesman). Logo, de acordo com Martin Davies, "os analfabetos do século XXI não serão aqueles que não sabem ler e escrever, mas aqueles que não sabem desaprender e depois reaprender".

Agora, não podemos esquecer a importância da prática, pois tão importante quanto aprender é colocar em prática o que aprendemos. Segundo

Aristóteles, "nós somos o que fazemos sempre. A excelência não é uma ação, ela é um hábito". Ademais, "a prática sem teoria é como embarcar em um mar inexplorado. A teoria sem a prática é não embarcar de jeito nenhum" (Mervyn W. Susser). Teoria sem prática é o mesmo que engordar a nossa mente, uma "obesidade mental".

Por fim, meus caros, muita gente acredita que o conhecimento é algo intrínseco às pessoas empreendedoras e colocam o conhecimento em segundo lugar. Ledo engano. Muita gente tem vontade de empreender e abrir o próprio negócio, mas acaba desistindo por falta de informações e conhecimento sobre o negócio, sobre os concorrentes e sobre o mercado.

2º ELEMENTO DA SORTE: HABILIDADES E COMPETÊNCIAS

Competência consiste na capacidade, aptidão ou habilidade que a pessoa tem de resolver determinado problema. Ou seja, é fazer bem o que se propõe a fazer. Habilidade, por outro lado, consiste "na aplicação prática de uma determinada competência para resolver uma situação complexa" (Vasco Moretto).

"OS ANALFABETOS DO SÉCULO XXI NÃO SERÃO AQUELES QUE NÃO SABEM LER E ESCREVER, MAS AQUELES QUE NÃO SABEM DESAPRENDER E DEPOIS REAPRENDER."

MARTIN DAVIES

3º ELEMENTO DA SORTE: TRABALHO

O trabalho enaltece o homem, engrandece a alma e enriquece o bolso. Portanto, sempre faz bem ao ser humano. Trabalho só faz mal aos preguiçosos e de mentalidade pobre. Trabalhar duro por algo que se acredita chama-se propósito e, jamais, deixará o ser humano cansado, principalmente quando é feito com alegria. O ócio, entretanto, pode levá-lo à exaustão.

Procure trabalhar naquilo que você gosta, pois, como diz um antigo provérbio: "trabalhe com o que gosta e não precisará trabalhar sequer um dia na sua vida". Pois, "trabalhar muito por algo que você ama é chamado de paixão" (AD). Entretanto, "quem não ama o seu trabalho, ainda que trabalhe todos os dias, é considerado um desocupado" (Facundo Cabral). É que "todos querem comer bem, mas poucos são os que estão dispostos para o trabalho de caçar" (AD).

Da mesma forma, já dizia Pelé que "o sucesso não acontece por acaso. É trabalho árduo, perseverança, aprendizado, estudo, sacrifício e, acima de tudo, amor pelo que você está fazendo ou aprendendo a fazer". Dificilmente alguém que não ama o seu trabalho irá progredir. É esse amor que motiva, dá força para enfrentar as dificuldades do dia a dia e, principalmente, que leva a um trabalho de excelência.

Nesta sociedade globalizada, digital e disruptiva "se você não matar um leão por dia, amanhã serão dois" (AD). Logo, caro amigo, "trabalhe com o que você tem, até que tenha o que você precisa". "Trabalhe até o caro se tornar barato." "Pague o preço agora para pagar qualquer preço depois" (AsDs). Mas "trabalhe duro e em silêncio. Deixe que seu sucesso faça o barulho" (Dale Carnegie).

Trabalhe para construir coisas, projetos e transformar sonhos em realidade. Abraham Lincoln ressaltou há muitos anos que: "a pessoa que trabalha somente pelo salário que recebe não merece ser paga pelo que faz". Portanto, a pessoa tem que trabalhar porque gosta e naquilo que gosta. Tem que trabalhar para realizar sonhos e construir impérios. Com a transformação dos sonhos em realidade, ele pode transformar vidas, histórias e destinos. O salário tem que ser o meio, nunca o fim. Quando o salário for o fim, e não o meio, o homem não evoluirá, não prosperará e será eternamente um assalariado. Logo, "estude enquanto eles dormem. Trabalhe, enquanto eles se divertem. Lute, enquanto eles descansam. Depois, viva o que eles sempre sonharam viver" (AD).

"O TRABALHO ENALTECE O HOMEM, ENGRANDECE A ALMA E ENRIQUECE O BOLSO. PORTANTO, SEMPRE FAZ BEM AO SER HUMANO. TRABALHO SÓ FAZ MAL AOS PREGUIÇOSOS E DE MENTALIDADE POBRE."

JANGUIÊ DINIZ

Por fim, eu enfatizo: "trabalhe, trabalhe, trabalhe. De manhã até a noite, e de madrugada se for preciso. Trabalho não mata. Ocupa o tempo. Evita o ócio e constrói prodígios. Trabalhe! Muitos de seus colegas dirão que você está perdendo sua vida, porque você vai trabalhar enquanto eles descansam. Porque você vai trabalhar, enquanto eles se divertem. Mas o tempo que é mesmo o senhor da razão, vai bendizer o fruto do seu esforço, e só o trabalho irá levar você a conhecer pessoas e mundos que os acomodados nunca conhecerão. Esse mundo chama-se sucesso" (AD). Lembre-se sempre que "o único lugar onde o sucesso vem antes do trabalho é no dicionário" (Albert Einstein).

4º ELEMENTO DA SORTE: NÃO DESPERDIÇAR OPORTUNIDADES

O sucesso e a prosperidade estão inexoravelmente vinculados à preparação adrede ou a *priori*. A oportunidade costuma aparecer disfarçada em nossa frente. Se a pessoa não estiver alerta e preparada, não vai percebê-la. Geralmente, ela vem disfarçada de perspicácia, sagacidade e muito trabalho.

Nesse contexto, prezado vencedor, não devemos confundir falta de oportunidade com falta de vontade. Se as oportunidades não aparecem, temos que criá-las. "Às vezes, não há uma próxima vez. Às vezes, não há segundas oportunidades. Às vezes, é agora ou nunca" (AD). É que, segundo certo provérbio popular, o cavalo selado só passa uma vez. Quando ele passar, devagar ou correndo, pule em cima dele porque você não terá uma segunda oportunidade. Ademais, de acordo com Nicolau Maquiavel: "empreendedores são aqueles que entendem que há uma pequena diferença entre obstáculos e oportunidades, e são capazes de transformar ambos em vantagens".

5º ELEMENTO DA SORTE: ILUMINAÇÃO DIVINA

Quando eu falo de iluminação divina, não me refiro à religião, mas a buscar nossa origem divina, ou seja, ter fé em Deus, no Criador. Estou falando, também, em se pautar sempre pelos princípios, preceitos e valores supremos e transcendentais para uma vida humana digna, quais sejam: ser correto, honesto, decente, íntegro, ético e fazer a coisa certa. Quando você faz a coisa errada, jamais contará com a iluminação divina. Logo, você tem que criar uma relação de confiança

"O CAVALO SELADO SÓ PASSA UMA VEZ. QUANDO ELE PASSAR, DEVAGAR OU CORRENDO, PULE EM CIMA DELE PORQUE VOCÊ NÃO TERÁ UMA SEGUNDA OPORTUNIDADE."

PROVÉRBIO POPULAR

com Deus e com a sociedade; procurar sempre ser e também mostrar sua honestidade, retidão, probidade, honradez, decência, integridade e ética.

A observância dos princípios, preceitos e valores supremos e transcendentais para uma vida humana digna, principalmente a ética, vai lhe dar brio e orgulho de sua trajetória. A inobservância deles apenas lhe trará vergonha e desonra. Não basta conquistar sucesso, prosperidade, ganhar dinheiro, desprezando esses valores, sob pena de você "ser tão pobre que a única coisa que possuirá será dinheiro" (AD).

E por falar em ética, certa vez perguntaram a um matemático árabe, o fundador da álgebra, sobre a definição do ser humano. Ele respondeu: se tiver ética, atribua a nota 1 a ele. Se for inteligente, acrescente o zero, e ele será 10. Se também for nobre, acrescente mais um zero, e ele será 100. E se também for vistoso e formoso, acrescente mais um zero, e ele será 1000. Mas, se perder o 1, que corresponde à ética, à honestidade e à integridade, então perderá todo o seu valor, e restarão apenas zeros.

Por fim, prezado amigo. A mais "extraordinária dádiva" em ter sucesso e prosperidade não é a vitória em si mesma, mas, sobretudo, poder ensinar os mais jovens como e quais valores foram utilizados em sua caminhada até o sucesso.

Finalizando este capítulo, conta-se que certa vez perguntaram ao maior jogador de basquete brasileiro, Oscar Schmidt, por que ele acertava tantas cestas nas partidas de basquete. Ele prontamente respondeu que aquela performance era resultado da sorte que ele tinha: explicou que todos os dias, após o treinamento diário que fazia com o time, ele ainda ficava cerca de quatro horas sozinho treinando arremessos. Chamou este momento solitário de sorte.

"A OBSERVÂNCIA DOS VALORES SUPREMOS E TRANSCENDENTAIS PARA UMA VIDA HUMANA DIGNA, PRINCIPALMENTE A ÉTICA, VAI LHE DAR BRIO E ORGULHO DE SUA TRAJETÓRIA. A INOBSERVÂNCIA DELES APENAS LHE TRARÁ VERGONHA E DESONRA."

JANGUIÊ DINIZ

CAPÍTULO III

A DECISÃO DE MUDAR DE VIDA E SONHAR SÃO DOIS PASSOS CRUCIAIS PARA O SUCESSO

DECISÃO DE MUDAR DE VIDA

Para começar, enfatizo que o primeiro passo para ter sucesso e prosperidade é ter a intenção e decidir verdadeiramente mudar de vida.

Inicialmente é importante registrar que o sucesso e a prosperidade constituem-se numa questão de "decisão". Se você não estiver no caminho certo, você tem que mudar. "Embora mudar seja muito difícil e até doloroso, não mudar será fatal" (Leandro Karnal). Quando uma determinada pessoa intenciona e decide verdadeiramente mudar de vida, não ficando apenas na intenção, mas agindo de forma proativa, por menor que sejam suas ações, ela já deu o primeiro passo para a transformação da sua vida. Agora, não basta apenas ter intenções, mesmo que elas sejam boas. Além das intenções, tem que ter atitude e ação. Só com ações reais e concretas pode-se mudar, transformar e conquistar sucesso e prosperidade. É que o inferno está cheio de gente com apenas boas intenções e o céu com gente de boas ações.

Nas palavras de Barack Obama, ex-presidente dos Estados Unidos: "a mudança não acontecerá se nós apenas esperarmos por outra pessoa ou se esperarmos por algum outro momento. Nós somos as pessoas pelas quais esperávamos. Nós somos a mudança que buscamos". Nesse sentido, "você faz suas escolhas, e suas escolhas fazem você" (Gayle Forman), pois "o homem é aquilo em que ele acredita" (Anton Tchekhov). Haja vista que "no final é só você mesmo. Por isso, não seja vítima das circunstâncias e, sim, protagonista da sua história" (AD).

Nessa perspectiva, você tem que tomar uma decisão radical na vida. Tem que gritar em alto e bom som para si mesmo: agora basta, agora chega dessa vidinha medíocre. Eu vou mudar de postura, de atitude, para que consiga mudar de vida. E, a partir desse seu grito, começar a agir profundamente e proativamente para mudar. A expressão "agora basta" ou "agora chega", como diz o empreendedor Caio Carneiro, é uma das expressões mais transformadoras do mundo, e que faz qualquer pessoa recomeçar a viver.

E assim que decidir mudar, tem que começar sem medo. Mas tem que começar. E de preferência fazendo aquilo que gosta. "Fazer o que se gosta é liberdade. Gostar do que se faz é felicidade" (Frank Tyger). Logo, busque as atividades que consegue fazer melhor do que qualquer um. As pessoas nunca deveriam fazer as coisas em que

"A MUDANÇA NÃO ACONTECERÁ SE NÓS APENAS ESPERARMOS POR OUTRA PESSOA OU SE ESPERARMOS POR ALGUM OUTRO MOMENTO. NÓS SOMOS AS PESSOAS PELAS QUAIS ESPERÁVAMOS. NÓS SOMOS A MUDANÇA QUE BUSCAMOS."

BARACK OBAMA

não são boas ou o que as outras pessoas querem que elas façam. Segundo Peter Drucker, "as pessoas deveriam focar aquilo em que são excepcionalmente boas e em coisas que dão resultado" para terem mais sucesso e prosperidade.

É preciso começar imediatamente, pois o bom é inimigo do ótimo, e o feito é melhor que o perfeito. Tem que começar para fazer, mesmo sem estar preparado, mas tem que começar. É que para aprender a andar de bicicleta não basta ler livros sobre andar de bicicleta. Tem que andar de bicicleta; caso contrário, não vai aprender nunca. Assim é com a vitória e com o sucesso, principalmente no empreendedorismo.

Portanto, estimado vencedor, uma das chaves para o sucesso é começar sem estar pronto, pois "se a teoria esperasse pela experiência, ela nunca se realizaria" (Friedrich Novalis). Haja vista que "nós somos aquilo que fazemos repetidamente. Excelência não é um ato, mas um hábito" (AD). Pois "o que eu penso não muda nada além do meu pensamento. O que eu faço a partir disso muda tudo" (Leandro Karnal). Nesse sentido, segundo Anthony Robbins "o importante não é onde você começa, mas sim as decisões que toma sobre o lugar que está determinado a alcançar". E "comece de onde você estiver, use o que você tiver e faça o que você puder" (Arthur Ashe). Com efeito, se você esperar o momento apropriado chegar, nunca vai fazer nada na vida. É que "aqueles que dizem que 'não pode ser feito' não deveriam interromper aqueles que estão fazendo" (Joel Barker). Mas não se esqueça também do que ensina Steve Jobs, pois "decidir o que não fazer é tão importante quanto decidir o que fazer".

Finalmente, guerreiro, é alvissareiro registrar que concordamos com Caio Carneiro quando ele assevera ser burrice esperar ter prática ou ficar especialista para realizar alguma coisa na vida. Não tem como alguém ficar bom em alguma coisa sem antes começar a fazer e a praticar aquela coisa. A única maneira de ser bom em algo é fazendo e praticando. Pois é a prática que traz a excelência. Isso é ensinado há muitos anos pela filosofia japonesa conhecida como *"kaizen"*, que significa: "hoje melhor do que ontem e pior do que amanhã". Você não precisa ser bom para começar uma coisa. Você precisa começar uma coisa para ser bom. Logo, praticando, você será hoje alguém muito melhor do que ontem; e amanhã, muito melhor do que hoje.

Faça o seu melhor e procure fazer bem feito, fazer muito mais que o necessário para ter certeza de que vai dar certo e não apenas o possível. Segundo Ayrton Senna, "no que diz respeito ao empenho, ao compromisso, ao esforço e à dedicação, não existe meio termo. Ou você faz uma coisa bem feita ou não faz".

SONHAR: PASSO MAIS IMPORTANTE PARA O SUCESSO

E agora, meus amigos, vamos falar sobre sonhos. É alvissareiro ressaltar que sonhar, na minha ótica, é o mais importante passo para o sucesso e para a prosperidade. Mas não basta sonhar. Tem que transformar o sonho em um projeto de vida, traçar metas, buscar cumpri-las com métodos, disciplina e muito trabalho; a partir disso, o universo conspira a seu favor.

Ampliando o quadro de reflexões, não é ocioso observarmos os seguintes ensinamentos: segundo Friedrich Nietzsche "nada é tão nosso quanto os nossos sonhos". Por outro lado, Donald Curtis enfatiza que "nós somos o que somos e estamos onde estamos porque primeiro o imaginamos e sonhamos". Ademais, Carl Sandburg frisa que "nada acontece a menos que sonhemos antes". Finalmente, Malcolm Forbes ensina que "quando você deixa de sonhar, você deixa de viver". Com efeito, caros guerreiros, "as conquistas da humanidade foram precedidas pelo estágio do sonho ou pela ambição na mente de algum visionário" (AD). E, "seja qual for o seu sonho, comece. Ousadia tem genialidade, poder e magia" (Johann Goethe).

Logo, amigo vencedor, não se esqueça de que sua mente é poderosa. Quando você sonha e idealiza, você é capaz de realizar o seu sonho sem qualquer limite, já que o limite é apenas um bloqueio criado pela sua própria mente.

Agora, o sonho é apenas o primeiro passo na trilha do sucesso. É apenas o mapa do sucesso, não o sucesso em si. E sonhos são inúteis se você não trabalhar diuturnamente de forma árdua e extenuante para realizá-los, pois sonho é igual planta, se você não a regar diariamente ela morre. Logo, você tem que alimentar o seu sonho diariamente para mantê-lo vivo até ele ser concretizado.

APAIXONE-SE PELO SEU SONHO

Nesse diapasão, prezado sonhador, sonhe um sonho e se apaixone por ele, amando-o até a sua realização. E quando realizá-lo sonhe outro. Pois

"NÃO BASTA SONHAR.
TEM QUE TRANSFORMAR
O SONHO EM UM
PROJETO DE VIDA,
TRAÇAR METAS, BUSCAR
CUMPRI-LAS COM
MÉTODOS, DISCIPLINA
E MUITO TRABALHO;
A PARTIR DISSO, O
UNIVERSO CONSPIRA
A SEU FAVOR."

JANGUIÊ DINIZ

ou você constrói o seu próprio sonho, se apaixona por ele e luta duramente todos os dias, para realiza-lo, ou "fará parte da construção do sonho de alguém" (AD). E nunca se esqueça de se perguntar diariamente quanto vale o seu sonho, pois quando você conseguir afirmar que o seu sonho não tem preço, não abrirá mão dele por nada neste mundo, e lutará com todas as suas forças e energias para concretizá-lo.

NÃO TENHA MEDO DE SONHAR

E não tenha medo de sonhar e de realizar o seu sonho. Saiba que as pessoas bem-sucedidas e de sucesso também têm medo e um friozinho na barriga. Mas jamais se deixam afetar por esses medos. O medo torna-se benéfico, porque faz com que elas se preparem com antecedência, da melhor forma possível, para enfrentar as tarefas e as obrigações diárias. A falta de medo faz com que as pessoas se tornem inconsequentes.

Agora, não confunda medo com pânico. Medo é um estado de alerta, e é importante para que nos preparemos com antecedência para darmos o nosso máximo na realização da tarefa. Pânico é o exagero e o excesso do medo, paralisando o nosso cérebro e nossos músculos, causando incapacidade de ação.

SONHAR SONHOS GRANDES E IMPOSSÍVEIS

Agora, é importante sonhar sonhos impossíveis, pois "só o impossível é digno de ser sonhado. O possível colhe-se facilmente no solo fértil de cada dia" (AD). Pois, segundo Walt Disney, "é sempre divertido fazer o impossível". E, nas palavras de Lewis Carroll "a única forma de chegar ao impossível é acreditar que é possível". Ademais, "o impossível é dividido em várias partes possíveis. É extremamente importante se dedicar sempre e diariamente às partes possíveis para conquistar o impossível. Foque a execução da etapa de hoje, depois a de amanhã, e assim por diante. O cumprimento e a execução das diversas fases farão com que você atinja o impossível" (Caio Carneiro).

Quando eu me refiro a sonhos impossíveis, estou falando de sonhos grandes, mas exequíveis e realizáveis. Jamais sonhos irrealizáveis, inexequíveis, ou delirantes. É imperativo pensar grande. Segundo Jim Collins, "quem não faz apostas grandiosas não tem resultados grandiosos". Logo, queira ser "Alexandre, o Grande", nunca "Alexandre, o Médio", e, jamais, "Alexandre, o Pequeno".

> "QUEM NÃO FAZ APOSTAS GRANDIOSAS NÃO TEM RESULTADOS GRANDIOSOS."
>
> **JIM COLLINS**

É que, "se você atirar nas estrelas, atingirá pelo menos a lua" (AD). Entretanto, se só atirar no telhado da casa, não acertará nem a cumieira. Pois "só aqueles que arriscam ir longe demais podem descobrir até onde é possível chegar" (T. S. Eliot). Além disso, segundo Jorge Paulo Lemann, o maior empreendedor do Brasil e um dos maiores do mundo, "sonhar grande dá o mesmo trabalho que sonhar pequeno". De fato, ele está certo. Portanto, se você pensa grande, você pode não conseguir tudo que pensa, mas o pouco que conseguir já será enorme. Se pensa pequeno, não conseguirá quase nada ou até mesmo nada. Nesse diapasão, nunca se esqueça de que todas as pessoas de sucesso pensam grande; é máxima universal que "só conseguimos aquilo que verdadeiramente almejamos".

FOCO NA REALIZAÇÃO DO SONHO

Logo, sonhador, sonhe grande e mantenha-se focado em seu sonho. Tentar fazer um monte de coisas ao mesmo tempo, além de consumir muita energia retira você do seu foco. A pessoa focada não deixa uma meta se perder; é um indivíduo que não se distrai, é alguém que tem sempre em mente a visão daquilo que quer realizar. Então, faça uma coisa de cada vez. Seja leão, não queira ser pato. O pato anda, nada, corre e voa, tudo muito mal.

DETERMINAÇÃO

Com efeito, ilustre realizador de sonhos, além de você sonhar sonhos grandes, é de crucial importância que seja decidido, destemido, ousado, destemeroso e determinado em realizar o seu sonho. É que nas palavras de Anthony Robbins "a determinação é o toque de despertar para a vontade humana". Por conseguinte, para chegar ao sucesso, você tem que ter fome de sucesso, a sua jornada em busca dele terá que ser do tamanho de sua determinação e de sua obstinação. Ao buscar realizar o seu sonho de sucesso, carregue sempre com você uma motivação para lhe dar energia e força para cumprir tal objetivo. Faça como o Juiz Federal William Douglas que, quando estudava para o concurso, carregava no bolso o contracheque de um juiz federal com o objetivo de se automotivar. Quando o cansaço do estudo chegava, ele sacava o contracheque e olhava quão bom era o salário do cargo. Isso fazia com que ele nunca desanimasse. Por conseguinte, com a determinação e a motivação necessárias, passou no concurso público entre os primeiros colocados. Esta simples lição de determinação e motivação para conseguir um cargo público se aplica da mesma forma ao empreendedorismo.

PRAZO PARA REALIZAÇÃO DO SONHO

Por fim, nunca fixe um prazo irrevogável para realizar os seus sonhos. É que o prazo pode terminar sem que os sonhos tenham se realizado. Chegar ao final do prazo pode fazer com que você desista. Prazos são importantes, mas não podem ser irrevogáveis.

CAPÍTULO IV

A PERSISTÊNCIA, O OTIMISMO E A RESILIÊNCIA SÃO ELEMENTOS IMPRESCINDÍVEIS PARA O SUCESSO

PERSISTÊNCIA E PERSEVERANÇA

Quero começar dizendo que, além de sermos determinados e ousados na luta para realizar nossos sonhos, também temos que ser persistentes, perseverantes e até obstinados, só assim seremos superadores de adversidades. É que, segundo Confúcio, "não importa o quão devagar você vá, desde que você não pare", pois o que separa os bem-sucedidos dos malsucedidos é a persistência, a perseverança e a obstinação. Aquele que não luta pelo futuro que quer tem que aceitar o futuro que vier. Com efeito, meu amigo, seja persistente, perseverante e até obstinado naquilo que você quer fazer que você vai conseguir. Água mole em pedra dura tanto bate até que fura.

Todavia, não vamos confundir persistência com permanência, nem tampouco com teimosia. A persistência é considerada uma virtude e consiste na insistência em fazer algo de forma diligente, modelando-se àqueles que já fizeram e foram bem-sucedidos. A permanência, por sua vez, consiste na ideia de fazer algo, mas que nunca sai do papel, nunca sai do mundo dos sonhos. A teimosia, por seu lado, consiste na insistência em fazer algo sem ouvir ninguém, apenas

> "NÃO IMPORTA O QUÃO DEVAGAR VOCÊ VÁ, DESDE QUE VOCÊ NÃO PARE."
>
> **CONFÚCIO**

pelo "achismo". Logo, prezado companheiro, seja persistente, perseverante e obstinado, mas, jamais permanente ou teimoso.

Com efeito, sejamos persistentes, perseverantes e obstinados para superarmos os obstáculos e as adversidades de nossas vidas, para transformarmos nossos sonhos em realidade, mas, de forma paciente, sem pressa, sem afobação e sem precipitação. Porquanto, na luta pelo sucesso e pela prosperidade é muito mais importante "a direção que seguimos do que a pressa e a velocidade" (AD). É que a tranquilidade, a calma e a paciência constituem-se num poder extraordinário. Citamos como exemplo a Lua, que atravessa o mundo milhões de vezes, bem devagar e em velocidade constante.

OTIMISMO X PESSIMISMO

Agora vamos falar um pouco sobre otimismo e positividade. É importante notar que o otimismo consiste na certeza de que o melhor virá sempre, pois é a fé que leva à realização e à concretização de nossos sonhos. Nesse sentido, meus caros, "o mundo pertence aos otimistas: os pessimistas são meros espectadores" (Dwight Eisenhower). Eis que "o pessimista vê dificuldades em cada oportunidade, e o otimista, por seu lado, só vê oportunidades em cada dificuldade" (Winston Churchill). Nisso eu não posso discordar do paradigma do empreendedorismo brasileiro que é Jorge Paulo Lemann quando enfatiza que "nunca conheceu nenhum pessimista bem-sucedido".

Eu defino o pessimista e o negativista como um folgado, um fraco, uma pessoa desprovida de qualquer coragem, um doente que possui uma doença chamada de esquizofrenia mental. Muito mais radical que a minha definição é a de Mario Sergio Cortella, que assevera: "o pessimista é antes de tudo um vagabundo". Para o filósofo, a única coisa que o pessimista sabe fazer é sentar e esperar dar errado. Enquanto que o otimista arruma uma solução para todo e qualquer problema, o pessimista tem um problema para cada solução.

Portanto, vencedor, lembre-se de que existem duas maneiras de encarar as coisas na vida: positiva ou negativa. A positiva sempre te ajudará a vencer. A negativa só vai te atrapalhar. As coisas não são feitas apenas com o pensamento positivo. Mas, se você tiver pensamento positivo, elas serão feitas de forma muito melhor do que se você tiver pensamento negativo. O pensamento positivo não faz você vencer sozinho, mas sem ele é

"O MUNDO PERTENCE AOS OTIMISTAS: OS PESSIMISTAS SÃO MEROS ESPECTADORES."

DWIGHT EISENHOWER

impossível vencer. Entretanto, amigo, "ser positivo não é achar que um milagre vai acontecer e resolver tudo apenas com a positividade. É você que tem que ser o milagre. É você que deve fazer o milagre acontecer" (Caio Carneiro).

Agora, é muito fácil ser positivo quando tudo está dando certo. Bom no bom é muito bom. A positividade deve ser utilizada é quando tudo está dando errado. É importante ser bom no ruim ou bom no péssimo.

Entrementes, ser otimista e positivo é difícil e dá muito trabalho; porquanto a pessoa tem que estudar, se preparar, trabalhar duro e lutar diuturnamente de forma árdua e extenuante. Por outro lado, ser pessimista é muito simples e não dá trabalho nenhum, pois a pessoa não precisa fazer nada, não precisa estudar, trabalhar, apenas esperar que as coisas não aconteçam.

É importante saber também, que a positividade não é uma qualidade intrínseca e inerente ao ser humano. Ele não nasce com ela. Ela é uma habilidade que pode ser desenvolvida e adquirida ao longo da vida, desde que a pessoa escolha desenvolvê-la. Portanto, é imperativo que você desenvolva a positividade em você, pois isso vai ajudá-lo a ser um vencedor.

Nesse contexto, estimado amigo, seja otimista e positivo, tenha autocontrole, autoconfiança e autoestima. Acredite em si, pois tudo que desejar na vida, você alcançará, já que querer é poder. Nesse sentido, nunca se esqueça de que o pensamento positivo tem poder, mas o negativo também tem, pois quem acredita que vai falhar "precisa vencer o desafio de sua própria negatividade, o que é um esforço desnecessário. Uma mente negativa jamais te permitirá ter uma vida positiva" (AD).

Ademais, não deixe os pessimistas, os negativistas, os "desaceleradores de pessoas", os "matadores de sonhos" atrapalharem a realização de seus sonhos. Afaste-se dessas pessoas que, por não terem coragem de sonhar e de lutar para realizá-los, tentam lhe convencer de que você não tem esse direito. Mantenha-se longe de quem quer te empurrar para baixo, pois "quando pessoas negativas começarem a sair da sua vida, coisas positivas vão começar a aparecer" (Leandro Lima). É que "será necessário se afastar dos pombos para começar a voar com as águias" (AD).

PENSAMENTO PODEROSO

Finalizando este tópico, lutador, quero lembrá-lo de que: quem manda na sua mente e em seus

> "TUDO QUE DESEJAR NA VIDA, VOCÊ ALCANÇARÁ, JÁ QUE QUERER É PODER."
>
> **JANGUIÊ DINIZ**

pensamentos, sejam eles positivos ou negativos, é você. Logo, nunca permita que em sua mente surjam pensamentos negativos. Pensamentos negativos podem custar caro em sua vida. Com efeito, qualquer pensamento negativo que por acaso surja em sua mente, como é você quem manda nela, deve ser imediatamente substituído por um positivo. Isso, segundo T. Harv Eker é chamado de "pensamento poderoso", que pode ser utilizado por qualquer pessoa.

RESILIÊNCIA

Resiliência é uma prática imprescindível para o sucesso. A resiliência consiste na capacidade que toda pessoa pode ter de resolver e superar os problemas e obstáculos que surjam em sua vida, adaptar-se e aprender com eles. Todas as pessoas, diariamente, passam por dificuldades e problemas, sejam grandes ou pequenos. Só não tem quem já não está mais aqui conosco. O que faz as pessoas superarem as dificuldades é uma força extraordinária chamada *resiliência*.

Saiba que, como o otimismo, a resiliência também não é intrínseca nem inerente ao ser humano. Ela pode ser desenvolvida gradativamente, desde que a pessoa aprenda a se nortear por alguns de seus princípios fundamentais. São eles:

PRINCÍPIOS DA RESILIÊNCIA

Primeiro princípio: qualquer que seja o problema, veja o lado bom dele e aprenda com ele

Todo erro ou fracasso deve ser considerado um grande aprendizado, um professor para o seu crescimento pessoal e profissional. É que o sucesso é 99% feito de fracassos; porquanto, "o sucesso é ir de fracasso em fracasso sem perder o entusiasmo" (Winston Churchill), e "nossos melhores sucessos vêm depois das nossas maiores decepções e fracassos" (Henry Ward Beecher). Com efeito, prezado amigo, o fracasso ou "insucesso é apenas uma oportunidade para recomeçar de novo com mais inteligência" (Henry Ford), podendo ser sinônimo de sucesso, se aprendermos as lições. Nunca se esqueça das palavras de Ford: "Quando tudo estiver parecendo ir contra você, lembre-se de que o avião decola contra o vento, e não a favor dele". Logo, aprenda com os erros dos outros. Aprender com os erros dos outros é mais barato e menos doloroso do que aprender com os

"QUANDO TUDO ESTIVER PARECENDO IR CONTRA VOCÊ, LEMBRE-SE DE QUE O AVIÃO DECOLA CONTRA O VENTO, E NÃO A FAVOR DELE."

HENRY FORD

seus. Mas, se errar, aprenda também com os seus próprios erros e levante-se mais fortalecido para não errar de novo.

Segundo princípio: dentro do possível, procure sempre ser tolerante, flexível, maleável e transigente com as situações adversas da vida

A tolerância e a flexibilidade são veículos que ajudam os seres humanos a viverem mais felizes. Logo, se adeque e se adapte a todas as situações, principalmente as adversas, para vencer mais facilmente na vida e ser feliz. Quando estiver numa adversidade, pergunte-se como é possível ser tolerante e flexível para sofrer menos. A inflexibilidade e a intolerância trazem muitas frustrações na vida.

Terceiro princípio: tenha compaixão e bondade com o seu semelhante

Tenha sempre o sentimento da compaixão. Deseje sempre o melhor para você e também para os seus semelhantes, procurando ajudá-los na medida do possível. "A missão da nossa vida é acrescentar valor à vida das pessoas desta geração e das gerações seguintes" (Buckminster Fuller), e, "quanto mais gente nós ajudarmos, mais sucesso teremos nos planos mental, emocional, espiritual e financeiro" (T. Harv Eker).

Entrementes, compaixão e bondade têm limite, viu, amigo. Haja vista que: "a bondade que nunca repreende não é bondade, é passividade; a paciência que nunca se esgota não é paciência, é subserviência; a serenidade que nunca se desmancha não é serenidade, é indiferença; a tolerância que nunca replica não é tolerância, é imbecilidade" (AD).

Para finalizar este módulo, registro que a resiliência fez com que eu saísse de um estado de pobreza extrema nas cidades de Santana dos Garrotes (PB), Naviraí (MS) e Pimenta Bueno (RO), e conquistasse, por concurso, diversos cargos públicos importantes, como o de Magistrado Federal do Trabalho, o de Procurador do Ministério Público do Trabalho, o de professor da Universidade Federal de Pernambuco, além de criar várias empresas e construir um dos maiores grupos educacionais do Brasil, o Ser Educacional.

CAPÍTULO V

CRENÇA NA MERITOCRACIA, TRANSFORMANDO ERROS E FRACASSOS DO PASSADO EM APRENDIZADO

CRENÇA NA MERITOCRACIA

Primeiramente, ninguém conquista vitórias, sucesso e prosperidade sem se sacrificar e se esforçar para tal, mas, principalmente, sem se sentir merecedor da vitória, do sucesso e da prosperidade.

Sobre a meritocracia, é importante falar que você pode ser uma pessoa extremamente habilidosa, ter inteligência, talento e competência. Entrementes, se você não tiver confiança em você mesmo, se não acreditar que é digno, se não acreditar em seu mérito e em sua meritocracia, ou seja, se não se sentir merecedor do que pretende conquistar, jamais conseguirá ser um vencedor. É que nunca dará o máximo de você, nunca se entregará à exaustão, concentrando energia mais que necessária para a vitória.

Saibam que todas as conquistas só ocorrem com muito esforço e desde que, também, você acredite que merece as referidas conquistas. A crença da meritocracia consiste num princípio extraordinariamente poderoso. Entretanto, amigo, muito mais poderoso ainda é a crença no demérito ou na demeritocracia. Ou seja, a crença de que você não é capaz nem tampouco digno de conquistar algo ou de realizar determinado sonho

"VOCÊ PODE SER UMA PESSOA EXTREMAMENTE HABILIDOSA, TER INTELIGÊNCIA, TALENTO E COMPETÊNCIA. ENTREMENTES, SE VOCÊ NÃO TIVER CONFIANÇA EM VOCÊ MESMO, SE NÃO ACREDITAR QUE É DIGNO, SE NÃO ACREDITAR EM SEU MÉRITO, JAMAIS CONSEGUIRÁ SER UM VENCEDOR."

JANGUIÊ DINIZ

em sua vida. Portanto, a partir de agora, para você conquistar, progredir, ter sucesso e prosperidade se esforce muito, mas acredite e tenha fé que é merecedor da conquista.

ERROS E FRACASSOS DO PASSADO: NOSSOS MELHORES PROFESSORES

Mais uma vez quero rememorá-los de que todos os seres humanos têm ou já tiveram algum tipo de problema, já erraram ou tiveram algum fracasso. Não existe um único ser humano vivo que possa dizer que nunca teve algum tipo de problema, que nunca errou ou fracassou. Só não errou, fracassou ou teve problemas quem nunca viveu, e só não terá problemas e fracassos quem já é defunto.

Saiba que, nas palavras de Malcolm Forbes, "fracasso é sinônimo de sucesso se aprendermos as lições", e consiste numa prova de que você está tentando, pois não é uma escolha, mas apenas uma etapa da sua existência. "Se você não falhar em pelo menos 90% das vezes, seus objetivos não foram suficientemente ambiciosos" (Alan Kay). "Fracassar é a parte crucial do sucesso. Toda vez que você fracassa e se recupera, você exercita a perseverança, que é a chave da vida. Sua força está na habilidade de se recompor" (Michele Obama). Desta forma, "o sucesso não consiste em não errar, mas em não cometer os mesmos equívocos mais de uma vez" (George Bernard Shaw).

Ampliando o quadro de observações, auspicioso registrar que, de acordo com Thomas Edison, "muitas das falhas e dos fracassos da vida ocorrem quando não percebemos o quão próximos estávamos do sucesso na hora em que desistimos", pois "o fracasso ou insucesso é apenas uma oportunidade para recomeçar de novo com mais inteligência". E "há mais pessoas que desistem do que pessoas que fracassam" (Henry Ford). Ademais, "é triste falhar na vida, porém, mais triste ainda é não tentar vencer" (Franklin Roosevelt); e na adversidade, amigo, como bem enfatizou o nosso grande ídolo Ayrton Senna, "uns desistem, enquanto outros batem recordes". Pois bem, "aprenda com a água: ela nunca passa por cima de um obstáculo, apenas o contorna" (AD). Assim, "muitas das coisas mais importantes do mundo foram conseguidas por pessoas que continuaram tentando quando parecia não haver mais nenhuma esperança de sucesso" (Dale Carnegie).

"FRACASSAR É A PARTE CRUCIAL DO SUCESSO. TODA VEZ QUE VOCÊ FRACASSA E SE RECUPERA, VOCÊ EXERCITA A PERSEVERANÇA, QUE É A CHAVE DA VIDA. SUA FORÇA ESTÁ NA HABILIDADE DE SE RECOMPOR."

MICHELE OBAMA

Outrossim, caro amigo, consoante com Frank Clark, "se você encontrar um caminho sem obstáculos, ele provavelmente não levará a lugar algum". Haja vista que "é impossível viver sem falhar em alguma coisa, a não ser que você viva tão cautelosamente que talvez nem tenha mesmo vivido de verdade, caso em que você já teria falhado por não tentar" (J. K. Rowling). É que "uma criança cai centenas de vezes antes de conseguir aprender a andar, mas em nenhuma delas ela pensa: isso não é para mim" (Leandro Lima). Pois bem, de acordo com Bill Gates, "é ótimo celebrar o sucesso, mas mais importante ainda é assimilar as lições trazidas pelos erros que cometemos no passado". Nas palavras de nosso ídolo Ayrton Senna, "forte é quem, depois de tanto perder, reergue-se e prossegue lutando".

Ainda sobre isso, estimado vencedor, "a única coisa pior do que tentar algo e falhar é... não tentar" (Seth Godin), pois o maior erro que você pode cometer na vida é o não tentar ao menos uma única vez. Falhar não é errar, falhar é não tentar. E esteja preparado para isso, pois, "se você não está preparado para errar, você nunca conseguirá fazer algo original" (Ken Robinson).

Nessa perspectiva, meu caro, o fracasso é apenas um evento passageiro, uma etapa do sucesso, e não oposto dele, haja vista que o sucesso é 99% feito de fracassos. "Não existe uma única história de sucesso de alguém que nunca cometeu erros e tenha fracassado. O que não pode ocorrer é desistirmos do sonho ou do projeto, aceitando o fracasso" (Caio Carneiro).

Logo, temos que aprender com nossos problemas, erros e fracassos do passado, para não errar no futuro. O fracasso, apesar de ser doloroso, é extremamente benéfico para o crescimento humano, pois se constitui num elemento de grande aprendizagem. Talvez, seja o maior professor da vida. Você aprende muito mais quando fracassa do que quando está crescendo. O fracasso, além de não acarretar uma "perda total", faz recrudescer profundamente a sua habilidade bem como a sua humildade. Temos que aprender com os erros e fracassos para não fracassar de novo, pois "a coisa mais importante que você deve fazer se estiver em um buraco é parar de cavar" (Warren Buffett).

Nesse diapasão, estimados lutadores, não podemos parar nas pedras que vão aparecer em nosso caminho. Pessoas que faliram uma ou mais vezes, e passaram uma borracha no passado, tentando novamente, com certeza conseguiram superar as adversidades e vencer de novo. Um grande exemplo que ilustra bem esta nossa assertiva é Donald Trump, o atual presidente dos Estados Unidos da América, que quebrou mais de uma vez e conseguiu se reerguer, reconstruir um império empresarial e se eleger presidente da maior nação do mundo. Mais uma vez as águias nos ensinam quando não temer as tempestades. Temos que usar as tempestades, ou os erros do passado, para não errar mais e alcançar os nossos objetivos.

Aprenda também com os erros dos outros: é mais barato e menos doloroso que aprender com os nossos. Mas, se errar, aprenda também com os seus próprios erros e levante-se mais fortalecido para não errar de novo.

Por fim, é importante enfatizar que tem gente que só sabe falar de coisas ruins que ocorreram. Dos erros, dos problemas, das doenças e dos fracassos do passado, e até do presente. Ora, o que passou, passou. "A pior coisa que você pode fazer pelo seu futuro é se prender ao seu passado" (AD). De acordo com Augusto Cury, "você não pode apagar o filme de sua vida, mas pode reeditá-lo". "Rompa as correntes do passado. Quando você inicia um processo de mudança está cuidando da própria alma. Pessoas que vivem presas aos erros e fracassos do passado, se deprimindo, se amargurando, não progridem, pois consomem seus dons, suas energias e capacidade criativa remoendo situações negativas pretéritas. Essa postura bloqueia o progresso" (Carlos Wizard). Temos que aprender com as lições das águias. Quando as águias envelhecem, elas arrancam as suas penas velhas. A lição que elas nos passam é que não devemos continuar arrastando conosco as coisas do passado das quais não precisamos mais. Temos que esquecer o passado, deixar o passado no pretérito.

Portanto, não fique pensando em problemas ou em dificuldades que passaram. Também não dê muita atenção aos problemas e dificuldades presentes. Apenas enfrente-os com foco exclusivo nas soluções, haja vista que foco nos problemas e nas dificuldades fará com que você só veja e atraia problemas e dificuldades. Esqueça os problemas e foque apenas as soluções. Muitas vezes o problema é sério, mas a solução pode ser bastante simples. Concentre-se na solução e procure métodos e alternativas diferentes para resolvê-lo, em vez de ficar pensando no problema. Tenha sempre em mente que as pessoas ricas e de sucesso são maiores do que seus problemas.

Para elas os problemas são sempre pequeninos. Quanto maior o problema, maior o negócio que estará envolvido. Diferentemente, as pessoas de mentalidade pobre e fracassadas são sempre menores que seus problemas.

Finalmente, é prudente vaticinar que ninguém está nem aí para os seus problemas. Ninguém liga para eles, a não ser você. Daí ser importante também não ligar para as opiniões alheias. É que "um homem que quiser liderar uma orquestra deve virar as costas para a multidão" (Max Lucado).

CAPÍTULO VI

PLANEJAMENTO, ORGANIZAÇÃO DO TEMPO E PROGRAMAÇÃO MENTAL COMO ELEMENTOS IMPRESCINDÍVEIS PARA O SUCESSO

PLANEJAMENTO

Começo este capítulo asseverando que "uma meta sem um plano é somente um desejo" (Saint-Exupéry). Para vencer é preciso transformar o talento em ação, a vontade em planejamento, a insegurança em determinação; ter os pés no chão e vencer a insegurança, subindo um degrau de cada vez. Com efeito, caro amigo, "um plano razoável executado hoje é melhor que um plano perfeito que sempre fica para semana que vem" (George Patton).

Nesse sentido, para que você tenha sucesso e prosperidade, seja na vida pessoal ou profissional, principalmente em seu empreendimento, você tem que elaborar um planejamento estratégico detalhado e começar a agir seguindo as diretrizes do plano para se chegar ao sucesso. É importante lembrar que não basta elaborar o plano e deixá-lo no papel. Mister se faz, juntamente com o plano, traçar metas, e com métodos, disciplina e muita determinação, trabalhar duro para cumprir o plano. É que não basta ter apenas um plano, mas, atuar com muito trabalho para cumpri-lo, pois, "viver nesta sociedade digital e disruptiva é como viver em tempos de guerra. E, em tempos de guerra, planejamento é imprescindível. Planos são inúteis" (Dwight Eisenhower).

Com efeito, caro amigo, nunca se esqueça de que não existe empreendimento de sucesso sem planejamento eficaz. O planejamento eficaz faz com que você erre menos e alcance os resultados de forma mais rápida e efetiva. Logo, coloque no papel o plano de negócios. Ele deve reunir todas as informações que você precisa saber sobre o negócio, sobre o mercado e sobre a concorrência. Vale a pena investir em pesquisas de mercado, tanto para sondar a concorrência e o que ela está oferecendo, quanto para conhecer melhor seus futuros clientes e o que eles querem. O plano também deve conter o planejamento financeiro detalhado para o período em que o negócio ainda não estiver dando lucro.

ORGANIZAÇÃO E OTIMIZAÇÃO DO TEMPO

Vamos falar um pouco sobre organização e otimização do tempo. É lugar comum ouvirmos da boca de muita gente a afirmação: "não tenho tempo para nada", lamuriando-se, lastimando-se de que o tempo deles é escasso. Ora, meus amigos, cumpre parar de falar isso, haja vista que o dia tem 24 horas, o que significa dizer que

"VIVER NESTA SOCIEDADE DIGITAL E DISRUPTIVA É COMO VIVER EM TEMPOS DE GUERRA. E, EM TEMPOS DE GUERRA, PLANEJAMENTO É IMPRESCINDÍVEL. PLANOS SÃO INÚTEIS".

DWIGHT EISENHOWER

tem 1.440 minutos e 86.400 segundos, e isso é muito tempo. Ademais, lembre-se de que o tempo é igual para todos. Não é a quantidade de tempo que vai fazer você produzir mais ou menos, mas a forma como você organiza e utiliza o seu tempo que vai influenciar na sua performance e produtividade. Nunca se esqueça de que "o tempo dura bastante para aqueles que sabem aproveitá-lo" (Leonardo da Vinci). E "se falta de tempo realmente fosse uma justificativa para não realizar seus projetos, somente os desocupados teriam sucesso" (Flávio Augusto).

Portanto, estimado vencedor, organize e aproveite cada minuto de seu tempo. Não desperdice nenhum segundo. Não deixe o tempo passar sem fazer nada de produtivo. Aproveite então cada minuto da sua vida. Não jogue o seu tempo fora. Ele é muito precioso. Como sabiamente dizia Heráclito, o tempo é como as águas de um rio, você nunca poderá tocar na mesma água duas vezes, porque a água já passou, já foi embora, nunca passará novamente, assim é o tempo. Ademais, não "mate" o seu tempo. "Quem mata o tempo não é assassino, mas suicida" (Caio Carneiro), haja vista que está matando o bem mais valioso que ele tem e que nunca mais ressuscitará.

Por outro lado, pare de dizer que você está ocupado. Não alimente a convicção de que estar ocupado é ser importante. Se constantemente você deixa de fazer algo alegando que esta atarefado, de duas uma: ou isso é falta de organização ou você não tem nenhum interesse em fazer. Logo, determine prioridades, retirando do seu dia a dia as atividades que não trazem retorno. Por outro lado, realize atividades sempre visando ao seu objetivo principal. Tome nota de todas as tarefas prioritárias, tenha autocontrole, haja vista que o autocontrole é extremamente essencial para uma boa gestão do seu tempo, e diga "não" quando necessário, pois dizer "não" quando for preciso, faz com que sua rotina seja mais livre.

Sempre delegue aquelas atividades delegáveis. Aprenda a delegar sempre que possível, mas, acompanhe os resultados e nunca adie ou procrastine as atividades importantes e urgentes em sua vida para fazer outras menos importantes, embora mais prazerosas.

Tenha sempre em mente que tempo é questão de prioridade. O dia tem 24 horas. Dá para fazer muita coisa. Você pode dormir seis horas, que, na minha ótica, é o tempo necessário para descansar o seu corpo. Dormir mais que isso é perda de

"NÃO É A QUANTIDADE DE TEMPO QUE VAI FAZER VOCÊ PRODUZIR MAIS OU MENOS, MAS A FORMA COMO VOCÊ ORGANIZA E UTILIZA O SEU TEMPO QUE VAI INFLUENCIAR NA SUA PERFORMANCE E PRODUTIVIDADE."

JANGUIÊ DINIZ

tempo. Pode trabalhar até doze horas para sobreviver, crescer, desenvolver-se, construir e conquistar, porque todos têm que trabalhar para ganhar o pão de cada dia, ter sucesso e prosperidade; e ainda sobram seis horas para você estudar, sonhar, buscar transformar os seus sonhos em realidade e até namorar.

Finalmente, como o tempo é escasso, é muito importante que aprendamos a disciplinar nossas "frustrações" e "emoções negativas", e fugir delas o mais rápido que pudermos. Se no passado permanecíamos chateados com nossos fracassos por muito tempo, na sociedade disruptiva atual precisamos nos esquecer delas em pouco tempo, pois o tempo é ouro, e não vale a pena gastá-lo com frustrações passadas.

Por fim, "aproveite seu tempo para viver o presente, o aqui e o agora. Pois a única coisa que tens é este momento. Não deixe a parte boa da vida para depois! Muitas pessoas perdem as pequenas alegrias enquanto aguardam a grande felicidade" (Pearl S. Buck). E não se esqueça da lição do grande físico Stephen Hawking: "Não deixe para amanhã. Ama hoje, perdoa hoje, beija hoje, abraça hoje, demonstra hoje... faz tudo hoje, não deixes para amanhã. Porque somos instantes, e num instante não somos nada". É que, "às vezes, não há nenhum aviso. As coisas acontecem em segundos. Tudo muda. Você está vivo. Você está morto. E as coisas continuam. Somos finos como papel. Existimos por acaso" (Charles Bukowski).

PROGRAMAÇÃO MENTAL PARA O SUCESSO

Para encerrar este capítulo, vamos falar sobre programação mental para o sucesso. Tenha sempre em mente duas máximas universais: a primeira delas é: "o seu corpo só realiza e alcança aquilo que a sua mente acredita"; e a segunda: "você se torna aquilo em que você acredita". Estou lembrando isso para enfatizar que, mesmo que você tenha dado vários passos na vida, tenha decidido mudar de vida, tenha sonhado sonhos grandes e impossíveis, tenha angariado conhecimento e muita qualificação, tenha planejado como realizar os seus sonhos, tenha passado uma borracha nos erros e fracassos do passado e aprendido com eles, se sinta merecedor e tenha utilizado o seu tempo da melhor maneira possível, se o seu modelo mental, sua programação mental, seu condicionamento mental, se o seu subconsciente não estiverem programados para crescer, evoluir, desenvolver-se, conquistar, ter sucesso, prosperidade, riqueza e ser feliz em abundância, você estará condenado ao insucesso e à improsperidade. Acontece que é o seu mundo interior que cria o seu mundo exterior. Daí a necessidade da programação ou do condicionamento mental; a programação do seu subconsciente para a riqueza, para o sucesso e para a prosperidade. "É a programação, ou condicionamento mental, que determina o seu pensamento; seu pensamento que determina as suas decisões; suas decisões que determinam as suas ações; suas ações que, finalmente, determinam os seus resultados, que podem ser de sucesso e prosperidade, ou não" (T. Harv Eker).

Com efeito, caro amigo, nunca se esqueça de que você sempre consegue aquilo que deseja no seu subconsciente, e não o que você diz querer. Se você não está obtendo o que quer é porque no seu subconsciente você não almeja aquilo de verdade. Por via de consequência, não está gastando energia e dedicação suficientes para conseguir.

É por esse motivo que, se uma pessoa ganha muito dinheiro sem estar interiormente preparada para tal, o mais provável é que a sua riqueza tenha vida curta, e ela acabe perdendo tudo em pouco tempo. Um exemplo disso são as pessoas que ganham prêmios em loterias. As pesquisas mostram continuamente que, seja qual for o tamanho do prêmio, a maior parte desses felizardos acaba ficando pobre, voltando ao seu estado financeiro original, ao seu *status quo ante*, isto é, a ter a quantidade de dinheiro com a qual consegue lidar com mais facilidade. Diferentemente de quem enriquece pelo próprio esforço, que ocorre exatamente o contrário. É o caso dos milionários que perdem fortunas, ou que vão à falência; geralmente eles refazem a fortuna em pouco tempo. E mais uma vez citamos como exemplo o atual presidente dos Estados Unidos, Donald Trump, que por mais de uma vez perdeu sua fortuna, mas que a recuperou rapidamente, pois, apesar de ter perdido o dinheiro, não perdeu a mente programada para ter dinheiro e sucesso, enrustida no seu subconsciente (T. Harv Eker).

CAPÍTULO VII

TRABALHABILIDADE, PROFISSIONAIS MULTIFUNCIONAIS E EMPREGOS DO FUTURO

TRABALHABILIDADE E PROFISSIONAIS MULTIFUNCIONAIS

Estamos vivendo uma nova era, uma nova sociedade, um novo momento histórico. Uma sociedade que deixou de ser meramente globalizada, mundializante, aldeia global para se transformar em tecnológica, tecnotrônica, digital e altamente disruptiva. Esta nova sociedade está afetando radicalmente a vida das pessoas, físicas e jurídicas. Como sobreviver, evoluir, desenvolver-se, crescer, conquistar, progredir, ter sucesso e prosperidade nesta nova era, nesta nova sociedade repleta de desafios, onde o mercado se apresenta cada vez mais multiespecializado e competitivo?

Hoje, os concorrentes e competidores das pessoas físicas não são mais apenas aquelas pessoas domiciliadas na sua cidade, no seu estado, na sua região, ou no seu país. São aquelas que têm domicílio mundial, ou seja, que vivem em qualquer parte do planeta, em virtude da globalização. Além disso, de acordo com um estudo realizado pela consultoria Ernest & Young, até 2025 cerca de 70% dos empregos que existem hoje – o que equivale a dois em cada três postos de trabalho

– devem ser substituídos por inteligência artificial e automação.

Profissões como a de piloto de avião, contadores, auditores, recrutadores de talentos (*headhunter*), determinadas especialidades do Direito, corretores de seguro, analistas de risco, de investimentos e financeiros; árbitros de futebol e de outros esportes; corretores de imóveis, anestesistas, operadores de caixa, motoristas, carteiros, entregadores, trabalhadores rurais, dentre outras profissões estão com os dias contados em face da chegada da automação e da inteligência artificial.

EMPREGOS DO FUTURO

Nada obstante, inúmeras outras possibilidades de trabalho e de emprego estão sendo criadas em virtude do surgimento das novas formas de tecnologia, tais como: tutores de ensino a distância ou on-line *(EAD)*; *creators* ou *digital influencers*; *coach*; personal trainer; profissional de marketing digital; desenvolvedores de softwares ou *development operations engineer*; profissional da segurança da informação; cientista de dados (*data scientist*) ou analista de big data; desenvolvedor de dispositivos *wearables*; engenheiro hospitalar; engenheiro de visão computacional (*computer vision engineer*);

engenheiro ambiental; arquiteto e engenheiros 3D; designer de realidade virtual; especialista em *e-commerce* (comércio eletrônico); gestor de inovação; profissional de construção de edifícios (*construction superintendent*); profissional faz de tudo (*full stack developer*); gestor de talentos; especialista em energias renováveis ou alternativas; profissional integrador (*professional triber*); gestor de resíduos; instaladores domésticos (*smart house*); especialistas em experiência de usuário/cliente visando ao sucesso do cliente (*customer success*); profissionais de saúde mental; profissões voltadas para qualidade de vida; cuidadores de idosos; profissionais de jogos digitais (games) como o *streamer*, *o filmmaker*, o *coach* ou preparador de jogadores digitais, o designer de games, dentre outros.

Logo, prezado amigo, esteja atento às profissões que estão com os dias contados e àquelas que estão surgindo, caso você busque um emprego ou uma carreira do futuro. Procure analisar, conhecer todas essas profissões e dedicar-se a uma delas. Ademais, se você não busca uma carreira, mas quer empreender, abrir o próprio negócio, antes se pergunte se o negócio poderá funcionar via smartphone, ou seja, se vai usá-lo como ferramenta. Se não funcionar, esqueça a ideia, pois, certamente, o negócio não irá se desenvolver, e irá quebrar.

Com efeito, cumpre fazer uma indagação: como as pessoas físicas e jurídicas irão sobreviver, crescer, progredir e ter sucesso nesta sociedade digital e disruptiva em que as empresas de softwares, programas ou ferramentas de computadores ditam todas as regras? Importa responder que elas só conseguirão sobreviver, progredir e ter sucesso se se reinventarem diuturnamente e em sua inteireza.

QUALIFICAÇÃO PROFISSIONAL COMO REINVENÇÃO DAS PESSOAS FÍSICAS

Pessoas físicas somente conseguirão se reinventar diuturnamente por meio da qualificação e do aperfeiçoamento profissional constantes e perenes. A qualificação e o aperfeiçoamento profissional são obtidos adquirindo conhecimento e informação. Conhecimento e informação só se adquire por meio da educação; eis que a educação hoje é universal, e o conhecimento e a informação, chamados de capital intelectual, são muito mais importantes que os recursos materiais, como fator de desenvolvimento humano, considerados instrumentos de poder.

Com efeito, caro amigo, o segredo para os profissionais terem sucesso e se destacarem no mercado de trabalho vai muito além da inteligência e do talento. Apenas o talento e a inteligência não são mais suficientes. O profissional da sociedade digital e disruptiva tem que constantemente adquirir conhecimento. E não é qualquer conhecimento ou informação, mas conhecimento múltiplo, diverso, variado, multiespecializado e multifuncional, ou seja, que associe saberes em diferentes áreas e campos do conhecimento humano. Hoje, os profissionais têm que ser detentores de conhecimentos, habilidades, competências em inúmeras áreas para exercer diversas atividades ao mesmo tempo, para conquistar não apenas a empregabilidade, mas, sobretudo, a trabalhabilidade. São os chamados profissionais multiespecializados ou multifuncionais. Aqueles profissionais que têm experiências pessoais, domínio de outras línguas (e, nesta seara, o inglês é imprescindível), lógica de raciocínio; que sejam capazes de compreender processos e resolver problemas; que tenham capacidade de liderança, sejam bons em relacionamento interpessoal, tenham visão global e, sobretudo, tenham valores éticos para garantir a trabalhabilidade que já contém a empregabilidade.

Ampliando a seara de considerações, não é ocioso relembrar que a empregabilidade é um conceito dos anos 1990: consiste na capacidade que o profissional tem em desenvolver habilidades e competências para enriquecer o seu currículo com o objetivo de conquistar uma carreira ou um emprego. Já a trabalhabilidade é um conceito dos anos 2000: consiste na capacidade que o profissional tem em angariar conhecimentos, habilidades e competências para gerar trabalho e renda, seja como empregado celetista, seja como consultor autônomo, seja como empreendedor, além de todas as múltiplas formas de trabalho. Constata-se, portanto, que o conceito de trabalhabilidade é muito mais amplo que o de empregabilidade, haja vista que a empregabilidade está contida na trabalhabilidade; porquanto, o trabalho é muito mais que emprego. Nesse sentido, é oportuno asseverar que a trabalhabilidade está inextricavelmente ligada ao empreendedorismo, uma vez que, nela, o profissional é "empreendedor de si mesmo".

O emprego formal está diminuindo a cada dia que passa e se transformando em trabalho. No Brasil, isso ocorre principalmente em decorrência da última reforma trabalhista aprovada no governo de Michel Temer, realizada com o objetivo de criar mais empregos, permitindo maior flexibilidade nas relações de trabalho, ampliando as formas de terceirização no trabalho, criando o *home office*, o trabalho pago por período trabalhado, a possibilidade de a pessoa trabalhar para várias empresas etc.

Para finalizar, quero lembrar que na qualificação e no aperfeiçoamento profissional, o estudo deve ser assíduo, contínuo, ininterrupto e continuado, ou seja, nunca pode ser interrompido. Como eu já mencionei anteriormente, isso consiste no chamado "conceito da aprendizagem contínua", uma vez que não apenas o conhecimento avança, mas ele também se transforma, e por via de consequência o aprendizado adquirido fica obsoleto muito rapidamente fazendo com que os detentores de tal aprendizado se tornem analfabetos alfabetizados.

CAPÍTULO VIII

A IMPORTÂNCIA DA INOVAÇÃO, DA INTELIGÊNCIA ARTIFICIAL, DA GOVERNANÇA CORPORATIVA E DO SISTEMA DE GESTÃO DA RESPONSABILIDADE SOCIAL EMPRESARIAL PARA O SUCESSO E SUSTENTABILIDADE DO EMPREENDIMENTO

GERAÇÕES Y (OU *MILLENNIALS*) E Z (OU *CENTENNIALS*)

Dou início a este capítulo perguntando a você: como as empresas irão sobreviver, crescer, progredir e ter sucesso oferecendo serviços e produtos para as gerações Y (ou *millennials*) e Z (ou *centennials*) nesta sociedade tecnológica, digital e disruptiva em que estamos vivendo? Importa responder afirmando que elas só sobreviverão com sustentabilidade e perenidade se constantemente mudarem e se reinventarem em sua inteireza. É que, nesta sociedade, segundo Charles Darwin "não é o mais forte que sobrevive, nem o mais inteligente. Quem sobrevive é o mais disposto à mudança".

Neste mundo, os competidores ou os concorrentes das empresas não são mais as corporações tradicionais que fazem a mesma coisa que a maioria das companhias fazem. Os concorrentes são, na verdade, as empresas de softwares. As empresas de programas ou ferramentas de computadores, como Google, Apple, Microsoft, IBM, Amazon, Netflix etc. Estas empresas de softwares já levaram à falência muitas companhias, e quebrarão a maioria das empresas tradicionais que existe hoje no mundo.

A título de exemplo citamos a Netflix, que faliu as locadoras; o Spotify, que faliu as gravadoras; o Google, que faliu muitas empresas, mas principalmente as de enciclopédias (como a Britannica); o Smartphone, que faliu as empresas que fabricavam câmeras e filmes de revelações fotográficas; o Waze, que acabou com os aparelhos de GPS; o OLX, que acabou com os classificados dos jornais; o Uber, que está acabando com os táxis tradicionais; o Airbnb, que está complicando a vida dos hotéis; o YouTube, que está complicando a vida das redes de TV abertas e fechadas; o Facebook, que está complicando a vida dos portais de conteúdo; o WhatsApp, que está complicando a vida das operadoras de telefonia; o Booking, que está complicando a vida das agências de viagem etc.

Nesta nova era, as empresas precisam viver constantemente em estágio de esquizofrenia fecunda, rendosa e produtiva, que consiste no processo em que todos os colaboradores da companhia vivam e trabalhem no mais alto índice de estresse lucrativo. Mas não basta apenas isso. É imprescindível que elas sejam criativas, inovem constantemente, inclusive utilizando automação e inteligência artificial, e adotem sistemas modernos de gestão, como

"NESTA NOVA ERA, AS EMPRESAS PRECISAM VIVER CONSTANTEMENTE EM ESTÁGIO DE ESQUIZOFRENIA FECUNDA, RENDOSA E PRODUTIVA, QUE CONSISTE NO PROCESSO EM QUE TODOS OS COLABORADORES DA COMPANHIA VIVAM E TRABALHEM NO MAIS ALTO ÍNDICE DE ESTRESSE LUCRATIVO."

JANGUIÊ DINIZ

o sistema da responsabilidade social empresarial, e implementem governança corporativa.

INTELIGÊNCIA ARTIFICIAL

Aqui, não é ocioso falarmos um pouco sobre inteligência artificial, que consiste na capacidade que os robôs modernos possuem de aprender, perceber, pensar, raciocinar, deliberar e decidir de forma racional e inteligente assim como os seres humanos. O smartphone, que utiliza uma combinação de várias tecnologias, é um exemplo típico de inteligência artificial.

Afirmam certas vozes que a inteligência artificial fará com que os computadores sejam, em pouco tempo, muito mais inteligentes que os seres humanos. Exemplo disso, já nos dias atuais, é o computador Watson, da IBM, que já faz milhares de coisas milhões de vezes mais rápido e com mais acerto e acurácia que os seres humanos, em diversas áreas do conhecimento. No campo da Medicina, por exemplo, o Watson auxilia os profissionais da saúde no diagnóstico do câncer com, pelo menos, quatro vezes mais precisão que os profissionais humanos. No campo do Direito, ele responde a certas consultas jurídicas em muito menos tempo e com muito mais acerto que os advogados humanos (de 70% a 90%). Outro exemplo é a ferramenta de software denominada *tricorder x*, que pode ser usada no celular, funcionando por meio da filmagem da retina do olho, na captação da respiração, ou com a coleta de amostra de sangue para fazer análise e descobrir qualquer doença.

INOVAÇÃO

Vamos começar falando sobre inovação. Muita gente acredita que inovação ou inovar consiste apenas na utilização de tecnologias modernas ou estratégias de comunicação. Ledo engano. A utilização de tecnologias modernas ou de estratégias de comunicação constituem apenas em instrumentos ou aspectos de inovação.

Entretanto, a tecnologia, apesar de ser apenas um instrumento ou um aspecto da inovação, é um dos instrumentos mais importantes. As empresas, nesta revolução digital ou quarta revolução industrial, precisam evoluir tecnologicamente e migrar para o mundo digital, especialmente para a automação e inteligência artificial, sob pena de padecer da síndrome da Kodak.

Embora o Brasil esteja entre as dez maiores economias do mundo, e seja a maior economia da América Latina e do Caribe, do ponto de vista tecnológico ele ocupa uma posição muito modesta na lista dos países mais inovadores do mundo. Enquanto a Suíça é considerada o país mais inovador, situando-se em primeiro lugar por sete anos seguidos; o Brasil ocupa a 69ª posição, atrás de todas as economias emergentes, como China, Turquia, México, Índia e África do Sul, de acordo com o índice global de inovação (IGI), em estudo realizado pela Universidade de Cornell, dos Estados Unidos, em parceria com a Organização Mundial da Propriedade Intelectual (OMPI, ou, em inglês, WIPO) e que avalia o grau de inovação de 127 nações. Mesmo entre os 18 países da América Latina, que tem o Chile em primeira colocação (46ª no mundo), e a Costa Rica em segundo (53º no mundo), o Brasil está posicionado apenas na sétima colocação.

A inovação, hoje, é tão importante para a sobrevivência de uma empresa que muitas companhias já estão criando departamentos de inovação e direcionando um percentual da receita líquida para investir nesse setor, como sempre fizeram com a publicidade. Como exemplo, citamos os setores químico, petroquímico e farmacêutico, que já gastam 3,8% de sua receita líquida em inovação. Por outro lado, grande parte das empresas de serviço também já está gastando cerca de 2% da receita líquida com inovação, o que mostra que já está havendo uma mudança radical de tendência.

Apesar de o Brasil ter empresas líderes em inovação tecnológica, como a fabricante de aviões Embraer – considerada a empresa mais inovadora do Brasil na lista das 150 mais do anuário Valor Inovação Brasil, de 2017 – os recursos da União destinados a este setor são baixíssimos, além de faltar um planejamento eficiente e eficaz do Governo Federal para promover a pesquisa da ciência e da tecnologia.

Apenas para ilustrar, é importante ressaltar que, antes do início do governo de Michel Temer, o Brasil já gastava muito pouco com inovação, ciência e tecnologia: cerca de 1% do PIB apenas, que equivalia a R$ 5,8 bilhões. Esses recursos eram direcionados para o Ministério da Ciência, Tecnologia e Inovação. Na era Temer, além de haver uma fusão desse ministério com o das Comunicações, houve uma diminuição radical do orçamento para apenas R$ 3,2 bilhões, sendo que R$ 700 milhões foram direcionados para o antigo Ministério das Comunicações, sobrando apenas R$ 2,5 bilhões para o da Ciência e Tecnologia, profundamente discrepante de países como os Estados Unidos, que gastam cerca de 2,7% do PIB; a China, também neste patamar; e a União Europeia, com gasto de aproximadamente 3%.

O governo deveria se lembrar de que o orçamento para a inovação, ciência e tecnologia deve ser considerado como investimento, jamais como gasto. Nesse contexto, é urgente que os governantes tomem medidas radicais para melhorar a capacidade do país em inovação, ciência e tecnologia, sob pena de as empresas brasileiras serem profundamente penalizadas e não terem capacidade de competir em um mercado global.

As empresas que não conseguiram se reinventar e inovar sucumbiram, ou foram incorporadas por outras; porquanto, as fórmulas e os segredos de gestão de sucesso do passado se tornaram obsoletos e sucumbiram às mudanças radicais do presente, pois não servem mais para o mundo tecnológico, digital e disruptivo. Empresas que, no passado, foram exemplos de uma gestão bem-sucedida, quebraram, ou foram incorporadas por outras. Exemplo radical disso foi a Kodak.

Feitas essas considerações, é importante lembrar que, nos dias de hoje, a inovação não é apenas um diferencial ou uma vantagem da empresa, mas é considerada uma questão de sobrevivência, uma das condições para permanecer no jogo competitivo e até mesmo a única fórmula da sobrevivência. Com efeito, na atualidade, é imprescindível que a inovação esteja no DNA e na cultura da empresa, sob pena de ela não sobreviver, indo à falência, ou ser vendida para outra inovadora.

Entrementes, como eu disse antes, inovação não consiste apenas em utilizar tecnologias modernas. Inovar no empreendedorismo, ou inovação empresarial, é muito mais que isso. Hoje é considerado um modelo ou um sistema de gestão que consiste na forma rápida e eficaz de constatar as demandas, as necessidades, os desejos e os desafios apresentados pelos clientes, atuais e potenciais e, com a utilização de todos os instrumentos e meios eticamente lícitos, legais e necessários, principalmente o tecnológico; solucioná-los, equacioná-los e superá-los de forma célere, útil, econômica, efetiva, surpreendente e encantadora. Ou seja, inovar hoje é prestar atenção e escutar os clientes, identificar suas necessidades e desejos, e atendê-los de forma surpreendente e encantadora por todos os meios legais permitidos no mundo do empreendedorismo. Daí a necessidade de valorizar

"NOS DIAS DE HOJE, A INOVAÇÃO NÃO É APENAS UM DIFERENCIAL OU UMA VANTAGEM DA EMPRESA, MAS É CONSIDERADA UMA QUESTÃO DE SOBREVIVÊNCIA, UMA DAS CONDIÇÕES PARA PERMANECER NO JOGO COMPETITIVO E ATÉ MESMO A ÚNICA FÓRMULA DA SOBREVIVÊNCIA."

JANGUIÊ DINIZ

e motivar o capital humano, as cabeças pensantes e o capital intelectual, único capaz de inovar.

SISTEMA DE GESTÃO DA RESPONSABILIDADE SOCIAL EMPRESARIAL

Inicialmente é importante registrar que responsabilidade social consiste nas obrigações que toda pessoa física ou jurídica tem para com a sociedade de cumprir os seus deveres e os preceitos legais. Por seu lado, responsabilidade social empresarial consiste num sistema ou modelo de gestão empresarial no qual o empreendedor deve levar em consideração na sua gestão da performance e do desenvolvimento organizacional, além dos ativos ou indicadores tangíveis, também os intangíveis.

No passado, os modelos ou sistemas de gestão da performance ou do desenvolvimento organizacional baseavam-se, apenas, em indicadores econômicos, financeiros e contábeis, os chamados ativos ou indicadores tangíveis, como qualidade dos serviços ou produtos, preço competitivo e maximização do lucro. Entretanto, no mundo moderno, tecnológico e disruptivo, os empreendedores e os gestores das empresas devem estar preocupados também com o entorno e com a comunidade onde o empreendimento está inserido. Devem considerar para a performance do desenvolvimento organizacional não somente os ativos ou indicadores tangíveis, mas, também, e principalmente, aqueles imprescindíveis na atualidade, chamados de indicadores ou ativos intangíveis, como: 1) *indicadores ambientais:* respeitar, preservar e ensinar a preservar o meio ambiente; 2) *sociais:* comprometimento com a comunidade onde o empreendimento está inserido, promovendo ações para o bem da região e o bem-estar da população; 3) *culturais:* preservar, ajudar a preservar e divulgar a cultura regional e nacional; 4) *éticos:* respeitar a legislação, a moral e os bons costumes; daí a importância das cláusulas contratuais anticorrupção e de *compliance*, significando que os empreendedores e o empreendimento devem se pautar sempre em consonância com a legislação, observando a ética, os bons costumes etc.; 5) *capital humano e intelectual:* respeitar os direitos de todos os funcionários e colaboradores, valorizando o seu trabalho e sua qualidade de vida; e, acima de tudo, motivá-los; 6) *marca:* cuidar, divulgar e preservar o valor da marca e do branding do empreendimento, valor inestimável de qualquer corporação.

GOVERNANÇA CORPORATIVA

Por fim, vamos falar sobre governança corporativa nos empreendimentos. Governança corporativa consiste na implementação de uma gestão profissionalizada com a utilização de processos sistematizados e estruturados, conduzidos por um Conselho de Administração composto por membros internos e externos independentes, cujo objetivo é dar sustentabilidade e perenidade ao negócio, proteger os acionistas e buscar rentabilidade.

A perenidade e a sustentabilidade dos empreendimentos dependem da adoção de uma governança corporativa efetiva e eficaz, com a utilização das melhores práticas de governança e dos princípios de governança corporativa. Inicialmente, a governança pode ser implementada por meio de um Conselho Consultivo, que posteriormente deve ser transformado em Conselho de Administração. O Conselho de Administração deve ser composto por conselheiros internos e externos independentes, com especialidades e expertises em diversas áreas do conhecimento humano. Ele tem o objetivo de orientar e proporcionar discussões sobre as melhores e mais saudáveis formas de gestão da empresa, deliberando sobre temas afeitos ao empreendimento, aos concorrentes, ao mercado, à economia e principalmente sobre questões internas da empresa, como contabilidade, finanças, recursos humanos, marketing, estratégia, inovação, dentre outras coisas. As discussões nas reuniões do Conselho ajudam os gestores e os acionistas, principalmente os controladores, a tomarem as melhores decisões para conduzir o destino do empreendimento.

No particular, alguém poderia afirmar que inexiste profissionalização naquelas empresas que possuem familiares dos sócios trabalhando nela. Sobre este assunto é importante afirmar que não há que se confundir empresa familiar – que possuem vários familiares como sócios e cujos sócios também trabalham como gestores da empresa –, com aquelas empresas que têm membros das famílias dos sócios, inclusive do controlador, trabalhando, mas apenas como profissionais habilitados, competentes e que observam todas as regras objetivas da governança, de partes relacionadas e de *compliance*. No primeiro caso, podemos dizer que inexiste uma profissionalização ampla, efetiva e eficaz da gestão. Entretanto, no segundo, a profissionalização ampla e eficaz pode existir. É que a profissionalização de qualquer empresa não significa expurgar totalmente a família do negócio. Se fosse assim, não existiriam membros da família Moraes no Grupo Votorantim, membros da família Gerdau na empresa Gerdau, membros da família Marinho na TV Globo etc., nem por isso, esses conglomerados empresariais deixam de ter uma gestão profissionalizada.

"A PERENIDADE E A SUSTENTABILIDADE DOS EMPREENDIMENTOS DEPENDEM DA ADOÇÃO DE UMA GOVERNANÇA CORPORATIVA EFETIVA E EFICAZ, COM A UTILIZAÇÃO DAS MELHORES PRÁTICAS DE GOVERNANÇA E DOS PRINCÍPIOS DE GOVERNANÇA CORPORATIVA."

JANGUIÊ DINIZ

CAPÍTULO IX

SUCESSO É IMPORTANTE, MAS FELICIDADE TAMBÉM. VOCÊ PODE TER OS DOIS

Começo lhe perguntando: você quer ter sucesso ou quer ser feliz? É importante responder que você pode ter as duas coisas.

Agora, para ter sucesso e ser feliz você tem que se empenhar. Tem que ralar. Para ter sucesso, você tem que acordar de manhã e fazer o que tem que ser feito. Não espere que ninguém venha te motivar. Vá fazer!

Ter sucesso é "continuar mesmo quando seus músculos estão tremendo, é continuar quando você percebe que tudo está contra você, ter sucesso é nadar contra a maré... Enquanto todos pensam em desistir, você avança, de forma persistente, perseverante, motivado e até obstinado, fortalecendo-se a cada dia. Quando você percebe, vem uma onda alta e você nada mais forte e você nada mais forte, dando simplesmente o seu máximo" (AD).

Na luta pelo sucesso, "não fique buscando receitas prontas em livros de motivação, não! Verifique quem já fez bem feito ao seu redor, quem é a pessoa próxima de você que realizou algo. Isso se chama modelagem! Sucesso tem a ver com modelagem, compromisso, constância e muita disciplina; tem a ver com você fazer o que tem que ser feito, mesmo que você não queira fazer. Modele-se às pessoas de sucesso, modele-se a quem faz bem-feito, faça igual aos vencedores. Faça igual aos campeões, porque aí você terá o resultado de um campeão" (AD).

Lembre-se sempre de que toda manhã na África um animal acorda. Ele sabe que deverá ter cuidado, e, se for caçado por um leão, correr mais do que ele, ou vai virar comida. Toda manhã na África um leão acorda. Ele sabe que deverá correr mais do que o animal que vai caçar ou morrerá de fome. A conclusão que se extrai é a seguinte: quando o sol nascer, não importa se você é o leão ou o animal. É melhor começar a correr em busca do sucesso, da prosperidade e da felicidade.

Ademais, caro amigo, tenha sempre em mente que o sucesso e a prosperidade são uma questão de "decisão". Para consegui-los, se você não estiver no caminho certo, você tem que mudar. Embora mudar seja muito difícil e até doloroso. Mas "não mudar será fatal" (Leandro Karnal). Nesse contexto, vale lembrar o que certo sábio já asseverou: para ter sucesso você tem que ser um vencedor, e "vencedores vencem dores". Logo: vá em frente. Vá e enfrente a luta pelo sucesso e pela prosperidade que serás vitorioso.

Portanto, caro amigo, "faça, erre, tente, falhe, lute. Mas, por favor, não jogue fora, se acomodando,

"PARA TER SUCESSO VOCÊ TEM QUE SER UM VENCEDOR, E 'VENCEDORES VENCEM DORES'."

JANGUIÊ DINIZ

a extraordinária oportunidade de ter vivido, tenha consciência de que cada homem e cada mulher foram feitos para fazer história. Cada um deles é um milagre e traz em si uma revolução. Você foi criado para construir pirâmides e versos, descobrir continentes e mundos, e caminhar sempre com um saco de interrogações em uma das mãos, e uma caixa de possibilidades na outra. Não se sente e passe a ser analista da vida alheia, espectador do mundo, comentarista do cotidiano; essas pessoas que vivem a dizer: eu não disse! Eu sabia! Chega dos poetas não publicados. Empresários de mesa de bar. Pessoas que fazem coisas fantásticas toda sexta à noite, todo sábado e domingo, mas que na segunda não sabem concretizar o que falam. Porque não sabem ansiar, não sabem perder a pose, porque não sabem recomeçar" (AD). Porque não sabem trabalhar. Porque não sabem sonhar com o sucesso e lutar para transformar o sonho em realidade.

Agora, na luta pelo sucesso, não esqueça também de se divertir. Tens que gastar parte do que ganhas se divertindo. E quando conquistar o sucesso, ajude as pessoas necessitadas por meio de ações de filantropia, sem também se esquecer de ter gratidão a todos. Seja grato, inicialmente a Deus, pois sem Ele nada tem valor. Em segundo lugar, aos seus familiares e entes queridos, que estão sempre ao seu lado. Em terceiro lugar, aos seus colaboradores e amigos. Gratidão a todos os que lhe ajudaram, pois ela consiste num sentimento irremunerável e inexprimível, principalmente porque no dicionário de Deus a "gratidão vem antes da bênção". E, "quem não é grato aos alicerces que o precedem não é digno do sucesso que o sucede" (Augusto Cury).

E saiba que você pode ter sucesso e felicidade ao mesmo tempo. Você pretende enriquecer ou fazer o trabalho que ama? Claro que pode fazer as duas coisas. As pessoas de sucesso sempre escolhem e conseguem ter sucesso e felicidade, diferentemente das pessoas de mentalidade pobre, que sempre escolhem uma coisa ou outra. Uma pessoa que é rica, em todos os sentidos da palavra, entende que as duas coisas são indispensáveis. Da mesma forma como precisamos de dois braços e de duas pernas, necessitamos de sucesso e felicidade" (T. Harv Eker).

Logo, estimado amigo, tenha sucesso e ao mesmo tempo também seja feliz, pois você pode ter as duas coisas.

Entretanto, "muita gente acredita que a felicidade está no futuro, e se esquece de viver o presente.

"Só valoriza o tempo quando está acabando.

Só valoriza o frio quando faz calor.

Só valoriza o calor quando faz frio.

E só valoriza a família quando não a tem.

Reclama quando tem muito trabalho e também quando não tem nada para fazer.

Essas pessoas querem que os filhos cresçam logo. Mas quando crescem, têm saudade de quando eram pequenos.

Reclamam dos seus pais, mas quando eles partem... sentem por não ter dado o último abraço.

Ora, amigos, saibam que o futuro é incerto, e o passado não volta.

Podemos viver apenas o aqui e o agora.

Olhe à sua volta... Veja a sua mãe fazendo sua comida favorita. Seu filho correndo quando você volta para casa!

Seus amigos rindo quando saem juntos! Seu irmão pedindo um conselho! Seu melhor amigo se casando com o amor da vida dele!

Isso é a felicidade! Ela está aí, muito perto, e às vezes a deixamos escapar, pensando não ser suficiente.

Pense no amor que você recebe e no amor que você dá. Na quantidade de luz que rodeia você. E quando perceber tanta riqueza, pense de novo nos pequenos problemas. São realmente tão importantes?

É por isso que você adia a sua felicidade?

É hora de escolher. Escolha ter sucesso, mas também ser feliz. Escolha rir dos infortúnios da vida, dos tropeços, de tudo o que não deu certo e poderia ter sido melhor.

Brinde suas vitórias e conquistas, você vai perceber que a felicidade está em você.

Abra os olhos, comece a viver e a desfrutar do que importa de verdade" (AD).

Lembre-se de que tudo depende somente de você, jamais dos outros.

"Pois, quando você acordar, cabe a você escolher que tipo de dia que você vai ter.

Você pode reclamar por estar chovendo... ou agradecer às águas por lavarem a poluição.

Pode ficar triste por não ter dinheiro... ou se sentir encorajado para administrar suas finanças, evitando o desperdício.

Pode reclamar de sua saúde... ou dar graças por estar vivo.

Pode se queixar dos seus pais por não terem te dado tudo o que você queria... ou pode ser grato por ter nascido.

Pode sentir tédio com as tarefas da casa... ou agradecer a Deus por ter um teto para morar.

Pode reclamar por ter que ir trabalhar... ou agradecer a Deus por ter trabalho.

Pode lamentar decepções com amigos... ou se entusiasmar com a possibilidade de fazer novas amizades.

Se as coisas não saíram como você planejou, você pode ficar feliz por ter hoje para recomeçar. O dia está na sua frente esperando para ser o que você quiser. E aí está você, o escultor que pode dar forma.

Tudo depende somente de você" (Charles Chaplin).

Com efeito, querido amigo, viva o presente com calma e sem pressa de pensar no que vem a seguir. A única coisa que temos é este momento. Não deixe a parte boa da vida para depois.

Mude a si mesmo para crescer, não os outros. A única coisa que podemos mudar de verdade somos nós próprios.

Lembre-se de que só recebemos da vida o que colocamos nela, pois só colhemos o que plantamos, já que a vida é o resultado de nossas ações.

Tudo está conectado e serve para um propósito. Não se pode focar ao mesmo tempo o bem e o mal.

Não adianta sofrer por alguma coisa que ainda não sabemos se vai acontecer. Não morra de véspera. Só peru morre de véspera. Logo, pratique a paciência.

E, finalmente, dê ao dinheiro apenas o real valor que ele tem. Há partes da vida que o dinheiro jamais será capaz de preencher.

E para encerrar este livro trago para vocês a lição de um sábio egípcio sobre a felicidade. "Conta-se que, no século passado, um turista americano foi a cidade do Cairo, no Egito, com o objetivo de visitar um famoso sábio. Chegando lá, o turista ficou surpreso ao ver que o sábio morava num quartinho muito simples. As únicas peças da mobília do quarto eram uma cama, uma mesa, um banco e uma grande estante cheia de livros. O turista perguntou: 'onde estão seus móveis?' O sábio bem depressa olhou ao redor e perguntou para o turista: 'e onde estão os seus?' O turista respondeu: 'os meus? Mas eu estou aqui só de passagem'. O sábio prontamente replicou: 'e eu também! A vida aqui na Terra é só uma passagem; no entanto, alguns vivem como se fossem ficar aqui eternamente e esquecem-se de ser felizes', concluiu o sábio" (AD).

REFERÊNCIAS E PUBLICAÇÕES

BIBLIOGRAFIA

ACHOR, Shawn. *O jeito Harvard de ser feliz*. São Paulo. Editora Saraiva, 2012.

CARNEIRO, Caio. *Seja foda*. São Paulo: Buzz Editora, 2017.

COLLINS, Jim. *Empresas feitas para vencer*. São Paulo: HSM Editora, 2015.

EKER, Harv T. *Os segredos da mente milionária*. São Paulo: Sextante Editora, 2006.

GRACIÁN, Baltasar. *A arte da prudência*. São Paulo: Martin Claret, 1998.

LIVROS PUBLICADOS

DINIZ, Janguiê. *Os recursos no processo trabalhista: teoria e prática*. Brasília: Consulex, 1994.

_____. *Os recursos no processo trabalhista: teoria e prática*. 2. ed. Brasília: Consulex, 1994.

_____. *A sentença no processo trabalhista: teoria e prática*. Brasília: Consulex, 1996.

_____. *Temas de processo trabalhista*. Brasília: Consulex, 1996. v. 1

_____. *Ação rescisória dos julgados*. São Paulo: LTr, 1997.

_____. *Manual para pagamento de dívidas com títulos da dívida pública*. Brasília: Consulex, 1998.

_____. *O Direito e a justiça do trabalho diante da globalização*. São Paulo: LTr, 1999.

_____. *Os recursos no processo trabalhista: teoria, prática e jurisprudência*. 3. ed. São Paulo: LTr, 1999.

_____. *Ministério Público do Trabalho: ação civil pública, ação anulatória, ação de cumprimento*. Brasília: Consulex, 2004.

_____. *Os recursos no processo trabalhista: teoria, prática e jurisprudência*. 4. ed. São Paulo: LTr, 2005.

_____. *Atuação do Ministério Público do Trabalho como árbitro nos dissídios individuais de competência da justiça do trabalho*. São Paulo: LTr, 2005.

_____. *Educação superior no Brasil*. Rio de Janeiro: Lumen Juris, 2007.

_____. *Desvelo (Poemas)*. Recife: Bargaço, 1990. Reed. 2011.

_____. *Educação na Era Lula*. Rio de Janeiro: Lumen Juris, 2011.

_____. *O Brasil e o mundo sob o olhar de um brasileiro.* Rio de Janeiro: Lumen Juris, 2012.

_____. *Política e economia na contemporaneidade.* Rio de Janeiro: Lumen Juris, 2012.

_____. *Palavras em pergaminho.* Rio de Janeiro: Lumen Juris, 2013.

_____. *Os recursos no processo trabalhista:* teoria, prática e jurisprudência. 5. ed. São Paulo: Atlas, 2015.

_____. *Transformando sonhos em realidade.* São Paulo: Novo Século, 2015.

_____. *Ação rescisória dos julgados.* 2. ed. São Paulo: GEN/Atlas, 2016.

_____. *Ministério Público do Trabalho:* ação civil pública, ação anulatória, ação de cumprimento. 2. ed. São Paulo: GEN/Atlas, 2016.

_____. *O Brasil da política e da politicagem:* desafios e perspectivas. São Paulo: Novo Século, 2017.

_____. *Falta de educação gera corrupção.* São Paulo: Novo Século, 2018.

_____. *Fábrica de vencedores:* aprendendo a ser um gigante. São Paulo: Novo Século, 2018.

PUBLICAÇÕES EM COORDENAÇÃO

DINIZ, Janguiê (Org.). Estudo de Direito processual: trabalhista, civil e penal. Brasília: Consulex, 1996.

_____ (Org.). Estudos de Direito constitucional (administrativo e tributário). Brasília: Consulex, 1998.

_____ (Org.). Direito processual: penal, civil, trabalhista e administrativo. Recife: Litoral, 1999.

_____ (Org.). Direito constitucional: administrativo, tributário e filosofia do Direito. Brasília: Esaf, 2000. v. II.

_____ (Org.). Direito penal: processo penal, criminologia e vitimologia. Brasília: Esaf, 2002. v. III

_____ (Org.). Direito constitucional: administrativo, tributário e gestão pública. Brasília: Esaf, 2002. v. IV

_____ (Org.). Direito civil: processo trabalhista e processo civil. Brasília: Esaf, 2002. v. V

_____ (Org.). Direito: coletânea jurídica. Recife: Ibed, 2002. v. VI

_____ (Org.). Direito & relações internacionais. Recife: Ibed, 2005. v. VII.

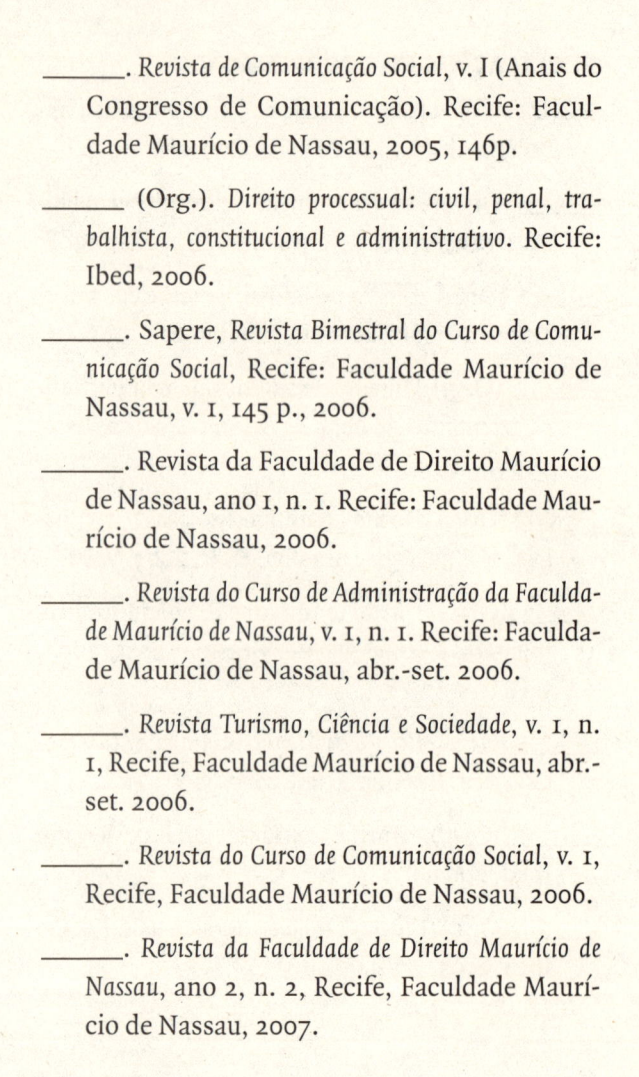

_____. *Revista de Comunicação Social*, v. I (Anais do Congresso de Comunicação). Recife: Faculdade Maurício de Nassau, 2005, 146p.

_____ (Org.). *Direito processual: civil, penal, trabalhista, constitucional e administrativo*. Recife: Ibed, 2006.

_____. Sapere, *Revista Bimestral do Curso de Comunicação Social*, Recife: Faculdade Maurício de Nassau, v. 1, 145 p., 2006.

_____. Revista da Faculdade de Direito Maurício de Nassau, ano 1, n. 1. Recife: Faculdade Maurício de Nassau, 2006.

_____. *Revista do Curso de Administração da Faculdade Maurício de Nassau*, v. 1, n. 1. Recife: Faculdade Maurício de Nassau, abr.-set. 2006.

_____. *Revista Turismo, Ciência e Sociedade*, v. 1, n. 1, Recife, Faculdade Maurício de Nassau, abr.-set. 2006.

_____. *Revista do Curso de Comunicação Social*, v. 1, Recife, Faculdade Maurício de Nassau, 2006.

_____. *Revista da Faculdade de Direito Maurício de Nassau*, ano 2, n. 2, Recife, Faculdade Maurício de Nassau, 2007.

_____. *Revista do Curso de Administração da Faculdade Maurício de Nassau*, v. 2, n. 2, Recife, Faculdade Maurício de Nassau, jun.-jul. 2007.

_____. *Revista da Faculdade de Direito Maurício de Nassau*, ano 3, n. 3. Recife: Faculdade Maurício de Nassau, 2008.

_____. *Revista da Faculdade de Direito Maurício de Nassau*. Direito Constitucional, v. XI. Recife: Faculdade Maurício de Nassau, 2009.

_____. *Revista da Faculdade de Direito Maurício de Nassau*. Direito Público e Direito processual, v. XII. Recife: Faculdade Maurício de Nassau, 2010.

CURRÍCULO

- Graduado em Direito (UFPE);
- Graduado em Letras (UNICAP);
- Pós-Graduação (Lato Sensu) em Direito do Trabalho – UNICAP;
- Pós-Graduação (Lato Sensu) em Direito Coletivo – OIT – Turim – Itália;
- Especialização em Direito Processual Trabalhista – ESMAPE;
- Mestre em Direito – UFPE;

- Doutor em Direito – UFPE;
- Juiz Togado do Trabalho do TRT da 6ª Região de 1992 a 1993;
- Procurador Regional do Trabalho do Ministério Público da União – MPT 6ª Região de 1993 a 2013;
- Professor efetivo adjunto (concursado) da Faculdade de Direito do Recife – UFPE de 1994 a 2010;
- Professor de Processo Civil da Escola Superior da Magistratura de Pernambuco – Esmape (Licenciado);
- Professor Titular de Processo Trabalhista da UNINASSAU – Centro Universitário Maurício de Nassau;
- Reitor da UNINASSAU – Centro Universitário Maurício de Nassau, da UNAMA – Universidade da Amazônia e UNIVERITAS – Centro Universitário Universus Veritas;
- Fundador, Acionista Controlador e Presidente do Conselho de Administração do Grupo Ser Educacional – Mantenedor da UNINASSAU – Centro Universitário Maurício de Nassau, UNINABUCO – Centro

Universitário Joaquim Nabuco, UNIVERITAS/UNG – Universidade Universus Veritas Guarulhos, UNIVERITAS – Centro Universitário Universus Veritas, UNAMA – Universidade da Amazônia, das Faculdades UNINASSAU, UNINABUCO, UNAMA, e UNIVERITAS, Bureau Jurídico, Bureau de Cursos e Concursos;

- Presidente do Instituto Brasileiro de Estudos do Direito – IBED;
- Presidente do Sindicato das Instituições Particulares de Ensino Superior do Estado de Pernambuco – SIESPE de 2001 a 2008;
- Presidente da Associação Brasileira das Mantenedoras de Faculdades Isoladas e Integradas – ABRAFI de 2008 a 2016;
- Presidente da Associação Brasileira das Mantenedoras do Ensino Superior – ABMES;
- Presidente do Fórum das Entidades Representativas do Ensino Superior Particular – FÓRUM.

FONTES: Quadraat

#Novo Século nas redes sociais